SÉVILLE

Séville
rien que pour vous

Héritière d'un passé glorieux où se mêlent conquête musulmane, grandes découvertes et Siècle d'or, noyée dans une piété ardente et toujours prête à faire la fête, grande dame du flamenco et de la tauromachie, berceau d'artistes de légende (Murillo, Velázquez et les autres !) et de mythes universels (Carmen, Don Juan et Figaro) ou Babel aux mille délices (c'est LA ville des tapas !), la belle andalouse a plus d'une pépite pour vous étourdir au fil de ses *calles* sinueuses et colorées.

On y vient pour son soleil qui brille toujours (ou presque), pour l'ambiance unique de sa Semana Santa et de sa Feria de Abril, pour ses rues animées de jour comme de nuit par la sympathie bruyante de ses habitants (sauf à l'heure de la sieste !), pour ses patios parfumés, ses petites échoppes surannées remplies de friandises de couvents, céramiques, robes à volants et statues de la Vierge, pour sa colonie de bars à tapas (osez les nouvelles tendances du fooding sévillan) et ses bodegas enflammées où les vins de Jerez coulent à flots. Mordu d'art et d'architecture ? Contemplez des joyaux universels (cathédrale, Giralda, Alcázar) et les chefs-d'œuvre du musée des Beaux-Arts, entre palais arabo-andalous et églises baroques. D'humeur romantique ? Flânez dans les ruelles de Santa Cruz, sur la plaza de España, les allées au parfum rétro du parc María Luisa ou sur les rives du Guadalquivir au clair de lune… Envie de sortir des *calles* battues ? Pistez la scène artistique contemporaine au CAAC, les jeunes créateurs à Soho Benita et la *movida* underground dans le barrio de la Macarena. À l'affût des lieux qui bougent ? Lancez-vous dans la *noche* sévillane au rythme endiablé du flamenco pour terminer au petit matin devant un *chocolate con churros*…

Dans les coulisses **du guide**

Vous avez entre les mains la dernière édition de notre guide. Et dernière édition, ça veut dire quoi ? Depuis 15 ans que la collection existe, nous envoyons systématiquement un **auteur** sur place, à chaque nouvelle édition. Sa mission ? Dénicher de nouvelles adresses, flairer les tendances, être à l'affût des quartiers qui bougent, bref vous livrer le meilleur de la ville.
Et pour les photos, c'est la même chose. Nous avons une équipe de **photographes** qui se charge de réaliser des reportages sur mesure et dédiés uniquement à la collection.

Un Grand Week-end à Séville **sur Facebook**

Retrouvez-nous sur Facebook ! Nous partageons au fil des jours les toutes dernières adresses, nos photos coups de cœur, les événements à ne pas manquer, les trucs et astuces qu'il faut connaître, et surtout nous répondons à toutes vos questions.
Avec *Un Grand Week-end,* vous ne voyagerez plus jamais seul…
www.facebook.com/UnGrandWeekendEspagne

Calendrier des événements

Voici le programme des festivités de la ville pour mieux choisir la date de votre séjour. Pas un mois ne s'achève sans que les rues n'aient été le lieu de rites ou de défilés joyeux… Une occasion de voir la ville dans un contexte original et animé.

Janvier

Cabalgata de los Reyes

La nuit du 5 janvier, défilé des Rois mages et distribution de bonbons aux enfants.

Février

Festival de Música Antigua de Sevilla (FeMÁS)

Concerts de musiques anciennes et classiques dans les églises et les couvents.

www.femas.es

Mars

Semana Santa

Des Rameaux à Pâques, processions spectaculaires de la Semaine sainte. L'événement le plus important (p. 60-61).

L'AGENDA EN UN CLIC

Expos, fêtes, festivals, retrouvez tous les événements culturels et festifs de Séville sur :

- www.elegirhoy.com
- www.seviocio.es
- www.onsevilla.com

et les expositions organisées par l'ICAS (Institut de la culture et des arts de Séville) sur : www.icas-sevilla.org

Avril

Feria de Abril

Deux semaines après la Semaine sainte, six jours de fête dans le parc du Real (p. 124-125).

feriadesevilla.andalunet.com

Saison des corridas

Tout le mois d'avril, aux arènes de la Maestranza.

www.plazadetoros delamaestranza.com

South Pop Festival

Les années impaires, festival de musique indépendante au Teatro Alameda.

www.southpopfestival.com

Mai

Las Cruces de Mayo

Processions et spectacles dans les rues de Séville décorées de croix de mai en papier, de lampions et de fleurs.

Territorios Sevilla

Festival de musique pop, rock, électro et hip-hop au monastère de la Cartuja.

www.territoriossevilla.com

Escena Mobile

Festival de danse et de théâtre dont la particularité est d'intégrer des danseurs handicapés.

www.escenamobile.com

Noches de Sevilla

De mai à fin août, cycle de concerts et de théâtre à l'Antiquarium, au Castillo de San Jorge et à l'Espacio Santa Clara.

www.icas-sevilla.org

Feria Internacional del Títere (FIT)

Fête des Marionnettes au Teatro Alameda et à la Fundición.

www.icas-sevilla.org

Romería del Rocío

Fin mai-début juin, les confréries sévillanes sortent pour le pèlerinage le plus important d'Andalousie. Près d'un million de fidèles se rendent à Almonte pour vénérer la Vierge à la Colombe entre chants et scènes de liesse.

www.rocio.com

Corpus Christi

Fin mai-début juin, processions de confréries pour la Fête-Dieu et *baile de los Seises*, danse de jeunes garçons chanteurs dans la cathédrale, tradition du XIIIe s.

San Fernando

Le 30 mai, fête du saint patron de Séville : les reliques du roi sont exposées dans la cathédrale.

Juin

Noches en los Jardines del Real Alcázar

De juin à septembre, concerts nocturnes de musique classique, flamenco et musiques du monde dans les jardins de l'Alcázar.

www.alcazarsevilla.org

Noches de Verano en el Palacio de la Buhaira

Autre rendez-vous des nuits d'été (fin juin-sept.) avec du théâtre et des concerts classiques, lyriques ou rock au palais de la Buhaira.

www.icas-sevilla.org

Nocturama

De fin juin à fin août, le Centre d'art contemporain programme concerts pop et alternatifs dans le Monasterio de la Cartuja.

www.nocturamasevilla.net

Juillet

Asómate al Patio

De juin à septembre, projections de films dans le Patio de la Diputación de Sevilla.

www.asomatealpatio.es

21 Grados

En juillet-août, cinéma, poésie, concerts, théâtre et flamenco sont au programme des nuits d'été de l'université de Séville dans le Patio du Cicus.

www.cicus.us.es

Ciclo de Músicas en Palacios y Conventos de Sevilla

Opéras, zarzuelas et récitals lyriques par la Compañía Lírica y Ópera de Sevilla dans un palais ou un couvent de Séville.

www.clossevilla.com

Velá de Santiago y Santa Ana

Du 20 au 26 juillet, festivités à Triana (concerts, expos...) et célébrations en l'honneur de la Virgen del Carmen.

www.velasantaana.sevilla.org

Août

Procesión de la Virgen de los Reyes

Le 15 août, procession autour de la cathédrale pour célébrer la sainte patronne de Séville.

Septembre

Bienal de Flamenco

Les années paires, un mois de flamenco dans des lieux emblématiques de Séville. Incontournable !

www.labienal.com

Festival Internacional de Música de Cámara Joaquín Turina

Les années impaires, des artistes du monde entier interprètent les œuvres de musique de chambre du compositeur sévillan.

www.festivalturina.com

Feria de San Miguel

Corridas le dernier week-end de septembre à la Maestranza.

Octobre

Fiesta de la Hispanidad

Le 12 octobre, dépôt de fleurs au mausolée de Christophe Colomb dans la cathédrale.

Novembre

Mes de Danza

Festival international de danse contemporaine dans les jardins, couvents et rues de Séville.

www.mesdedanza.es

Festival de Cine Europeo

Coup de projecteur sur le cinéma contemporain dans les salles de la ville et au Teatro Lope de Vega.

www.festivalcinesevilla.eu

Contenedores

Festival de performances artistiques au Centro Andaluz de Arte Contemporáneo.

www.contenedoresfestival.es

Décembre

Inmaculada Concepción

Le 8 décembre, messe pontificale dans la cathédrale, et danse des enfants de chœur *(baile de los Seises)*. La veille, déambulation des *tunos* (orchestres d'étudiants) jusqu'à la statue de la Vierge.

Festival Internacional de Teatro y Artes Escénicas (FeSt)

Festival de théâtre et des arts de la scène dans plusieurs théâtres de la ville.

www.sevillafest.com

Festivités de Noël

À l'approche de la Nativité, chants de Noël, foire à la crèche près de la cathédrale, marché de Noël (Mercado Navideño de Artesanía de Sevilla) plaza Nueva et confiseries de couvents au Real Alcázar. Le 24 décembre, messe de minuit dans toutes les églises de Séville.

Noche Vieja et Nuevo Año

Les Sévillans se réunissent plaza Nueva pour fêter le Nouvel An, et ils mangent un grain de raisin à chaque coup de minuit, un rite censé porter chance.

Jours fériés

- Nouvel An : 1er janvier
- Épiphanie : 6 janvier
- Jour de l'Andalousie : 28 février
- Jeudi saint et Vendredi saint
- Fête du Travail : 1er mai
- Corpus Christi : fin mai ou début juin
- Fête de saint Jean-Baptiste : 24 juin
- Fête de saint Jean l'Apôtre : 25 juillet
- Assomption : 15 août
- Fête nationale : 12 octobre
- Toussaint : 1er novembre
- Jour de la Constitution : 6 décembre
- Fête de l'Immaculée Conception : 8 décembre
- Noël : 25 décembre.

10 expériences uniques

1 Marcher sur les toits de la cathédrale...

... univers étrange foisonnant de gargouilles, coupoles, arcs-boutants, pinacles ciselés et points de vue inédits ! Pour vivre cette expérience originale, réserver à l'avance, les places sont limitées (p. 10).

2 S'émouvoir devant les *imágenes*...

... des Vierges larmoyantes, christs de douleur et saints pénitents auxquels les Sévillans vouent une tendresse et une dévotion sans limites... et décider qui de la *Virgen de la Macarena* (p. 27) ou de la *Virgen de Triana* (p. 33) est la plus belle !

3 Grimper sur les champignons géants...

... de la plaza de la Encarnación (p. 16), la plus grande construction de bois au monde dont la maquette est entrée au MoMA de New York. Une architecture détonante, symbole de la Séville du XXIe s.

4 Manger du *pescaíto frito* avec les doigts...

... à la Cantina (p. 99), un comptoir sympathique et sans chichis planqué dans les vieilles halles du Mercado Feria. Un concentré de vie sévillane dans le plus charmant marché de la ville !

5 Pister la *movida* sévillane...

... dans les échoppes créatives de Soho Benita et Regina Market (p. 98), au fil des bars branchés de la Alameda (p. 118) ou sur le dancefloor du club Obbio (p. 119).

6 Se prélasser dans les vapeurs des bains arabes…

… d'Aire de Sevilla (p. 13) et succomber à un massage relaxant dans une maison-palais du XVIe s. Histoire de bichonner ses petons fatigués des pavés brûlants…

7 S'enivrer d'art contemporain dans un monastère…

… avec les expos décoiffantes du CAAC (p. 37) qui s'offrent dans le havre silencieux des anciens chartreux encore hérissé des drôles de cheminées de la faïencerie Pickman. Un télescopage des genres inattendu !

8 Commettre le péché de gourmandise au couvent…

… en commandant, à travers le moulinet *(torno)*, pâtisseries, confitures et autres douceurs (p. 107) que confectionnent les sœurs recluses.

9 S'initier au *taconeo*…

… le claquement de talons des gracieuses *bailaoras*, en s'offrant un cours particulier de flamenco au Museo del Baile Flamenco (p. 13).

10 Boire le « sang du Christ » chez Garlochi…

… dans le décor ruisselant de Vierges, d'angelots et de bibelots kitsch de ce bar surréaliste qui ne vous laissera pas de marbre (p. 117). Une adresse culte !

Un grand week-end sur mesure

Première fois à Séville ?

Suivez notre programme pour ne rien rater des incontournables de la ville… Le guide compte 14 visites réparties dans toute la ville. Évidemment, en trois jours, vous ne pourrez pas faire toutes ces balades. À vous de voir si vous voulez remplacer telle visite par une autre en fonction de vos centres d´intérêt…

JOUR 1 : entrée en matière vertigineuse avec la **cathédrale** (p. 10) et l'ascension de la légendaire **Giralda** (p. 10). Puis coup d'œil à la façade de l'**Ayuntamiento** (p. 14), séquence emplettes dans les rues piétonnes du **Centro** (p. 14) ou plongée dans l'intimité d'une comtesse collectionneuse au **Palacio de Lebrija** (p. 15). Aux heures chaudes, la fraîcheur se cache dans les sublimes jardins et palais du **Real Alcázar** (p. 11). En sortant, faites un tour dans les ruelles de **Santa Cruz** (p. 13) et son décor de carte postale. Le soir, trinquez avec les noctambules branchés de la **Alameda de Hércules** (p. 28).

JOUR 2 : direction **El Arenal** (p. 20), fief des arènes mythiques de la **Real Maestranza** (p. 20). Longez les rives du Guadalquivir piquetées de buvettes jusqu'à la **Torre del Oro** (p. 21), puis allez jeter un œil ébloui à l'**Hospital de la**

Caridad (p. 21). Sur les pas des voyageurs romantiques, halte à la **Real Fábrica de Tabacos** (p. 22), qui a troqué ses cigarières pour les étudiants de l'université. Puis flânerie dans le **parc María Luisa** (p. 24), délicieuse parenthèse exotique embellie des chefs-d'œuvre d'Aníbal González : **plaza de España** (p. 24), **plaza de América** (p. 25)… joyaux de l'Expo de 1929.

JOUR 3 : réveillez-vous en beauté à la **Casa de Pilatos** (p. 18), butinez dans les échoppes de la **Alfalfa** (p. 16), puis sacrifiez à l'*aperitivo* **plaza del Salvador** avant d'être pris de vertiges à l'**Iglesia del Salvador** (p. 15). L'après-midi, contemplez les chefs-d'œuvre de Murillo et Zurbarán au **Museo de Bellas Artes** (p. 30), puis cap sur **Triana**, son **Castillo de San Jorge** (p. 34), son **quartier des potiers** (p. 35) et son émouvante **Iglesia de Santa Ana** (p. 33). Au clair de lune, essayez les bars de la populaire **calle Betis** (p. 33) avec sa vue magique sur l'autre rive…

Séville avec des enfants

Si les petits arrivent à saturation d'églises baroques, voici quelques idées pour les amuser. Explorez le **parc María Luisa** (p. 24) en voiture à pédales ou calèche, grimpez dans la **Torre de los Perdigones** (p. 29) et espionnez les habitants de la Macarena depuis la chambre noire, mesurez-vous aux champignons géants de la **Encarnación** (p 16), jouez les pirates au **Pabellón de la Navegación** (p. 36) ou éclatez-vous en famille dans le parc d'attractions **Isla Mágica** (p. 37). La **Alameda de Hércules** (p. 28) dispose d'aires de jeu et de jets d'eau jaillissant du sol pour une douche rafraîchissante. Les spectacles du **Teatro Alameda** (p. 123) sont destinés aux plus jeunes.

1

La cathédrale, berceau historique

Voir plan détachable D3 et zoom I6-7

Grouillant de visiteurs, le cœur lumineux et monumental du Casco Antiguo (vieille ville) est d'une beauté à couper le souffle. Classés au Patrimoine de l'humanité par l'Unesco, les palais almohades et mudéjars du Real Alcázar, la plus grande cathédrale gothique au monde, et les trésors précieux des Archives des Indes y racontent à merveille les périodes glorieuses de la cité, de la conquête musulmane à celle du Nouveau Monde.

1 Catedral★★★

Plaza Virgen de los Reyes (entrée c. Fray Ceferino González)
☎ 954 21 49 71 ou
☎ 954 56 33 21
www.catedraldesevilla.es
Pour les tarifs et horaires, voir « Pour en savoir plus » p. 38.

Symbole des monuments érigés à la gloire de la reconquête catholique, la cathédrale fut construite à partir du XVe s. à la place de la Grande Mosquée almohade de Séville (XIIe s.). Divisés en cinq nefs édifiées en plus de 80 ans, ses 23 000 m^2 abritent une multitude de chapelles chargées d'œuvres d'art et de trésors. Ne manquez pas le tombeau de Christophe Colomb, le retable majeur grouillant de milliers de personnages, les trésors d'orfèvrerie de la Grande Sacristie et la salle capitulaire à la perspective renversante !

2 Giralda★★★

Coordonnées identiques à celles de la cathédrale.

Emblème de Séville culminant à 96 m, l'ancien minaret de la Grande Mosquée est un pur ıef-d'œuvre de l'architecture 'mohade décoré de *sebkas* et 'arcs raffinés. Converti en clocher u XVIe s., sa partie supérieure au écor maniériste est surmontée ıu Giraldillo, petite girouette e 2 t symbole du catholicisme riomphant. Après avoir gravi es 35 paliers de la rampe que le ıuezzin parcourait à dos d'âne ınq fois par jour, vous serez écompensé par la vue.

3 Patio le los Naranjos★★

oordonnées identiques celles de la cathédrale.

'estige de la Grande Mosquée es anciens piliers sont ymbolisés par des orangers), ı cour des Orangers servit de loître et de cimetière après la ₹econquista (1248). On peut oir trois des portes originales, ont la Puerta del Perdón, lécorée d'inscriptions arabes, t la Puerta del Lagarto. Son rocodile est une réplique du :adeau offert par le sultan l'Égypte à Alfonso X pour lemander la main de sa fille.

4 Plaza Virgen le los Reyes★★

:'est le lieu de rendez-vous les calèches et des touristes qui ;e dorent au soleil en admirant a Giralda. Autour de la fontaine ı lanternes, la façade baroque lu Palacio Arzobispal du XVIIIe s. ne se visite pas) tranche avec le ;obre couvent de la Encarnación. À voir derrière le cyprès, la :harmante (et secrète !) plaza Santa Marta, où la légende situe 'enlèvement de doña Inés oar Don Juan Tenorio.

5 Casa de la Provincia★

Plaza del Triunfo, 1
☎ 954 22 28 70
www.casadelaprovincia.es
Expos : mar.-dim. 10h-14h et 18h-21h
Entrée libre.

La Casa de la Provincia fait la promotion de la culture andalouse à travers un programme d'expositions d'art et de concerts. Les deux expositions permanentes sont consacrées au peintre sévillan Joaquín Sáenz et à Plácido Fernández Viagas, qui œuvra pour l'autonomie de la province.

6 Real Alcázar★★★

Plaza del Triunfo, s/n
(entrée par la Puerta del León)
☎ 954 50 23 23
www.alcazarsevilla.org
Avr.-sept. : t. l. j. 9h30-19h ; oct.-mars : t. l. j. 9h30-17h ; f. 1er et 6 janv., Vendredi saint et 25 déc.
Cuarto Real Alto : visite par groupe de 15 toutes les 30 min 10h-13h30 (4,50 €)
Visites nocturnes : ven.-sam. à partir de 21h avr.-sept. et de 19h30 mars et oct. (13 €)
Entrée plein tarif : 9,50 €, gratuit lun. 18h-19h (16h-17h oct.-mars)
Voir « Pour en savoir plus » p. 39.

Derrière de hauts remparts, l'Alcázar (palais fortifié) cache un dédale de somptueux palais, de délicats patios et de jardins entêtants tout droit tirés d'un conte des *Mille et Une Nuits*. Ensemble composite d'arts almohade, gothique, mudéjar, Renaissance et baroque qui accueillit souverains musulmans, rois chrétiens puis Rois Catholiques, il sert de résidence

officielle à la famille royale à Séville. Le palais mudéjar de Pierre Ier le Cruel en est le joyau.

7 Archivo de Indias★★

Av. de la Constitución, 3
☎ 954 50 05 28
Lun.-sam. 9h30-16h45, dim. 10h-13h45
Entrée libre.

Ancienne Bourse du commerce, la Casa Lonja abrite depuis 1785 les précieuses Archives générales des Indes liées à la découverte et à la conquête du Nouveau Monde. Dessins, cartes et 90 millions de pages manuscrites, dont des lettres de Colomb, Magellan, Cortés ou Cervantès, sont montrés au gré des expositions. L'austère et vaste bâtiment Renaissance (1585) est l'œuvre de Juan de Herrera, l'architecte de l'Escorial.

8 Pour une pause tapas : Cerveceria la Giralda★★

Dans l'enfilade de bars touristiques de la rue Mateós Gago, cette brasserie andalouse est une institution depuis 1934. Touristes comme locaux s'y attablent autour de tapas traditionnelles et variées dans le décor original d'un ancien bain maure du Xe s., entre voûtes, colonnes et azulejos.

C. Mateós Gago, 1 – ☎ 954 22 82 50 – T. l. j. 9h-minuit
Tapas de 2,50 à 4 €, *ración* de 9 à 18 €.

Voir plan détachable C2-3/D2-3 et zoom I6-7

Santa Cruz, petits passages et patios fleuris

Adossé aux remparts de l'Alcázar, l'ancien quartier juif (Judería) de Séville, avec son dédale de ruelles étroites et pavées, ses petites places fleuries et parfumées, ses patios ombragés et ses murs blanchis à la chaux, est le quartier le plus pittoresque mais aussi le plus touristique de Séville. C'est un véritable enchantement que de se perdre en ces lieux qui ont vu naître un certain Murillo et le célèbre mythe de Don Juan…

❶ Hospital de los Venerables★★

Plaza de los Venerables, 8
☎ 954 56 26 96
www.focus.abengoa.es
T. l. j. 10h-14h et 16h-20h
Entrée plein tarif : 5,50 €, gratuit dim. à partir de 16h.

Bel exemple du baroque sévillan (XVIIe s.), l'hôpital des Vénérables recueillait jadis les prêtres âgés ou malades. Son patio, conçu par Leonardo de Figueroa, mène à une église riche de peintures de Juan Valdés Leal (voir le plafond en trompe-l'œil !) et de son fils Lucas Valdés, de bas-reliefs de Martínez Montañés et de sculptures de Pedro Roldán.

Le Centro Velázquez présente des œuvres de Murillo, Zurbarán, Pacheco…

❷ Centro de Interpretación de la Judería de Sevilla★

C. Ximénez de Enciso, 22
☎ 954 04 70 89
www.juderiadesevilla.es
Lun.-ven. 10h-21h, sam.-dim. 10h30-21h
Entrée plein tarif : 6,50 €, expo + visite guidée 22 €.
Ce petit espace d'exposition raconte la vie dans le quartier jui

❸ Pour une pause rétro : Las Teresas★★

Ce café-bar, idéal pour une pause tapas (à partir de 3 €) ou un verre en terrasse, offre une excellente variété de charcuteries, fromages et jambons des montagnes de Huelva et Salamanca. Dans une ambiance de tauromachie, avec ses affiches aux murs, sont concoctées des recettes anciennes et familiales.

C. Santa Teresa, 2 – ☎ 954 21 30 69
T. l. j. 10h-minuit (cuisine f. 16h30-19h).

de Séville créé par Ferdinand III en 1248, le sanglant pogrom de 1391, l'Inquisition et l'expulsion des juifs d'Espagne par Isabelle la Catholique en 1492. Les visites guidées en français du quartier vous plongent dans l'histoire de l'ancienne Judería.

❹ Jardines de Murillo★★

Accès par les plazas Alfaro, Refinadores et Don Juan de Austria
T. l. j. 8h-minuit (22h en hiver).

Le célèbre peintre qui vécut non loin d'ici (c. Santa Teresa, 8) a donné son nom à ces jardins de style régionaliste aménagés au début du XXe s. sur une portion des vergers de l'Alcázar. Entre bougainvillées, lauriers-roses, magnolias, fontaines et petits bancs d'azulejos, on découvre un monument à Christophe Colomb et une gloriette dédiée au peintre José García Ramos.

❺ Aire de Sevilla★★★

C. Aire, 15
☎ 955 01 00 24
www.airedesevilla.com
Sessions bains de 1h30 :
t. l. j. 10h-22h (minuit ven.-sam.).

Goûtez à l'art de vivre arabo-andalou au cœur de ce palais du XVIe s. : vapeurs des bains arabes (à partir de 26 €), massages aux huiles relaxantes… voilà de quoi oublier une éprouvante journée de visites ! En plus, tout est fourni, de la serviette aux sandales.

❻ Casa de los Pinelo★★

C. Abades, 14
☎ 954 22 11 98
Lun.-ven. 10h30-12h30, visites guidées en espagnol ou en anglais sur résa
Entrée plein tarif : 5 €.

Avec la Casa de Pilatos (p. 18) et le Palacio de las Dueñas (c. Dueñas, 5 ; ne se visite pas), la Casa de los Pinelo compte parmi les plus belles maisons-palais sévillanes du XVIe s. Du patio au mirador, éléments gothiques, mudéjars et Renaissance italienne se fondent dans un ensemble de maisons transformé par la famille Pinelo, de riches marchands génois. Depuis 1970, elle abrite l'Académie royale sévillane des lettres et des beaux-arts de Sainte-Élisabeth-de-Hongrie.

❼ Museo del Baile Flamenco★★★

C. Manuel Rojas Marcos, 3
☎ 954 34 03 11
www.museoflamenco.com
T. l. j. 10h-19h
Entrée plein tarif : 10 €
(spectacle t. l. j. à 19h : 20 € ; musée + spectacle : 24 €)
Cours particulier de flamenco sur résa : 60 €.

Le premier musée au monde consacré à la danse flamenca a été conçu par la célèbre danseuse Cristina Hoyos. Photos, vidéos, robes à volants, bornes interactives et animations sonores vous plongent dans l'histoire du flamenco et vous initient aux différents styles de danse. Spectacles (p. 116) et cours de danse dans le patio.

❽ Santa María la Blanca★★

C. Santa María la Blanca, 5
☎ 955 26 31 25
T. l. j. 10h-13h et 18h-20h
(sam.-dim. dédiés au culte).

Mosquée du Xe s. reconvertie en synagogue au XIIIe s. puis église chrétienne mudéjare après l'expulsion des juifs en 1391, ses murs résument à merveille l'histoire de la Judería. Insoupçonnable, l'opulence baroque de l'intérieur, tout en guirlandes de stucs, et la sombre *Cène* de Murillo méritent le coup d'œil !

Les *calles* de Santa Cruz

Flânez le long des pittoresques calles Gloria, Vida, Pimienta, Judería et du callejón del Agua aux patios enchanteurs. Faites une halte à l'ombre des orangers de l'irrésistible plaza Doña Elvira. Murillo serait enterré plaza de Santa Cruz, dont la croix de la Serrurerie a donné son nom au quartier, et la statue de Don Juan Tenorio se dresse plaza de los Refinadores.

Voir plan détachable
C3/D3 et zoom G7-8/H7-8

El Centro, *paseo* et lèche-vitrine

Désert aux heures de la sieste, le quartier commerçant de Séville se remplit à l'heure du goûter et des emplettes. Les tentations sont multiples dans les calles Sierpes, Tetuán, Cuna, Francos et leurs petites rues perpendiculaires, riches de boutiques de mode, d'accessoires et d'artisanat. Pendant la balade, goûtez à l'animation bouillonnante de la plaza del Salvador à l'heure de l'*aperitivo* !

1 Ayuntamiento★★★

Plaza Nueva, 1
☎ 955 47 02 43
Lun.-jeu. 16h30 et 19h30 (4 €), sam. 10h (gratuit) ; f. Semaine sainte, 15 juil.-15 sept. et j. f.
Voir « Pour en savoir plus » p. 40.

Édifié entre 1527 et 1534 par l'architecte Diego de Riaño, l'hôtel de ville déroule une resplendissante façade plateresque côté plaza de San Francisco. La façade de l'horloge néoclassique date des travaux d'agrandissement du XIXe s. La visite guidée vous mènera de l'étonnante salle capitulaire du XVIe s. aux salles d'apparat du XIXe s. riches d'œuvres d'art.

2 Plaza de San Francisco★★

Entre l'Ayuntamiento et l'ancien tribunal du XVIe s., elle fut le théâtre d'exécutions publiques, d'autodafés et de corridas. Elle

tient son nom du couvent des Franciscains où l'on formait les moines en partance vers le Nouveau Monde. Ce couvent fut démoli au XIXe s. pour créer la **plaza Nueva,** la grande place de Séville où trône sous de hauts palmiers le héros de la Reconquista Fernando III.

3 Calle Sierpes★

Grouillante de monde (sauf aux heures chaudes !), la célèbre « rue du Serpent » est le haut lieu immémorial du commerce sévillan. Elle a conservé une poignée de boutiques centenaires comme le chapelier Maquedano ou Juan Foronda (p. 105), aux vitrines remplies d'éventails et de châles brodés. À voir, la jolie devanture 1900 de l'horlogerie El Cronómetro aux n°s 19-21. L'ancienne prison royale, où Cervantès incarcéré aurait imaginé Don Quichotte, a elle été détruite au XIXe s.

4 Capilla de San José★

C. Jovellanos, 10
☎ 954 22 32 42
T. l. j. 10h-12h30 et 18h30-19h30.

Cette église consacrée au saint patron des charpentiers a un décor baroque très chargé qui mérite vraiment le coup d'œil ! Murs et voûtes sont recouverts de peintures du XVIIIe s., et les dorures des stucs illuminent le saisissant retable majeur du sculpteur portugais Cayetano de Acosta.

5 Plaza del Salvador★★

Un concentré de vie sévillane ! Dès l'arrivée des beaux jours, la place est envahie par les Sévillans qui s'y précipitent à l'heure de l'apéritif du midi et du soir. Faites comme les locaux, commandez votre *caña* (bière) ou votre verre de *fino* au comptoir de l'Antigua Bodeguita (au n° 6, ☎ 954 56 18 33, t. l. j. 11h-minuit), une institution nichée sous les arcades. Si vous avez faim, un petit kiosque vend des chips maison.

6 Iglesia del Salvador★★★

Plaza del Salvador
☎ 954 21 16 79
Lun.-sam. 11h-17h30 (10h-17h juil.-août), dim. 15h-19h
Entrée plein tarif : 4 € (ou ticket combiné avec la cathédrale 8 €)
Voir « Pour en savoir plus » p. 41.

Cette église de style baroque fait de l'ombre à la cathédrale de Séville : c'est dire si elle est grandiose. Elle a été construite en 1674 sur le site d'une mosquée dont il reste des vestiges : le Patio de los Naranjos et la base du minaret. L'intérieur, à l'ornementation très riche, renferme des œuvres de Juan Martínez Montañés comme le *Jésus de la Pasión*, ou le *Cristo del Amor* réalisé par son élève Juan de Mesa.

8 Palacio de Lebrija★★★

C. Cuna, 8
☎ 954 22 78 02
www.palaciodelebrija.com
Lun.-ven. 10h30-19h30 (9h-15h juil.-août), sam. 10h-14h et 16h-18h (10h-14h juil.-août), dim. 10h-14h
Entrée plein tarif : 8 €
Voir « Pour en savoir plus » p. 42.

Demeure sévillane typique, de styles Renaissance et mudéjar, le Palacio de Lebrija abrite de magnifiques collections. D'immenses pièces richement décorées disposées autour d'un patio central et d'un jardin intérieur vous dévoileront toutes sortes de trésors.

9 NO&DO★★

De la façade de l'Ayuntamiento aux plaques d'égouts, la devise énigmatique de Séville s'affiche partout dans la ville. Contraction de « *No me ha dejado* » (l'écheveau entre les syllabes NO et DO se dit *madeja* en espagnol) signifiant « Elle ne m'a pas abandonné », son origine remonte à Alfonso X le Sage. Celui-ci offrit cet écu à la Ville pour la remercier de ne pas l'avoir abandonné dans les batailles livrées contre son fils Sancho.

7 Pour une pause pâtisserie : La Campana★★★

La plus célèbre pâtisserie de Séville cultive l'art des douceurs pour la *merienda* (le goûter) depuis 1885 ! Garçons en gilet et serveuses en tablier ajoutent au charme rétro de cette maison Art nouveau remplie de gourmandises de couvents, glaces et pâtisseries maison : *torrijas* (pain perdu), *yemas*, *peces de nata* (gâteaux à la crème), *tocino de cielo* et babas au rhum appelés *borrachos*...

C. Sierpes, 1-3
☎ 954 22 35 70
Lun.-ven. 8h-22h, sam.-dim. 8h-23h (22h en hiver)
Pâtisseries de 2 à 2,30 €.

La Alfalfa et Encarnación-Regina

Voir plan détachable
B2-3/C2-3 et zoom G6-7/H6-7

Un vent de *movida* souffle dans ces ruelles pavées ! Les boutiques branchées bourgeonnent vers les calles Regina et Pérez Galdós (fief des jeunes noctambules), et la plaza de la Encarnación ose l'architecture expérimentale avec ses champignons géants. On s'attarde volontiers aux terrasses de café, nombreuses dans ce quartier animé qui combine à merveille tradition et modernité.

❶ Metropol Parasol★★★

Plaza de la Encarnación, 18
☎ 954 56 15 12
www.setasdesevilla.com
• Marché : lun.-sam. 8h-15h
• Belvédère : dim.-jeu. 10h30-minuit, ven.-sam. 10h30-1h
Entrée plein tarif : 3 €.

Il faut voir l'architecture audacieuse et futuriste (de préférence la nuit !) de ces gigantesques parasols qui dominent la plaza de la Encarnación. L'architecte berlinois Jürgen Mayer s'est inspiré des voûtes de la cathédrale pour réaliser ces structures en bois alvéolées, rebaptisées *las Setas* (les champignons) par les Sévillans. El Parasol abrite le marché central, un musée archéologique (Antiquarium), des boutiques et restaurants. Grimpez jusqu'au belvédère pour évoluer sur le toit ondulant et contempler la vieille ville.

2 Antiquarium★

Metropol Parasol
Plaza de la Encarnación, s/n
☎ 955 47 15 80
www.icas-sevilla.org
Mar.-sam. 10h-20h, dim. 10h-14h
Entrée plein tarif : 2,10 €.

Les passionnés d'archéologie découvriront des vestiges de l'ancienne Hispalis romaine et de l'Isbiliya hispano-musulmane mis au jour lors de la construction de Metropol Parasol. Parmi les fragments d'architecture, de belles mosaïques présentent oiseaux, personnages mythologiques et motifs géométriques. Un refuge bienvenu quand la chaleur est écrasante !

3 Calle Regina★★

La petite rue qui monte, qui monte ! La jeunesse bohème a fait son nid dans ce petit bout de rue avec la complicité des *calles* voisines (Viriato, Jerónimo Hernández et Amparo) où se mêlent allégrement cafés culturels, boutiques créatives, petits commerces et épiceries de quartier. Faites une halte à la librairie Un Gato en Bicicleta (p. 109) et à la galerie Wabi Sabi (p. 92). La rue est en fête le deuxième samedi du mois lors du Regina Market (p. 98).

4 Delimbo★★★

C. Pérez Galdós, 1
☎ 955 29 41 88
www.delimbo.com
Lun.-sam. 11h-14h et 18h-20h30.

Galerie et boutique, le premier concept store d'Andalousie incarne à merveille le renouveau du quartier de la Alfalfa. Dans un bel espace aux murs graffés, des expos d'art urbain se renouvellent tous les deux mois. Côté boutique, des sérigraphies en édition limitée, des fringues branchées pour filles et garçons

(tee-shirts de 25 à 42 €), des bijoux et accessoires originaux, des jouets design et de beaux livres d'art.

5 Soho Benita★★

Boutiques, expos et événements : www.sohobenita.com

Le petit quartier niché entre la plaza de la Alfalfa et la plaza de la Encarnación bruisse d'une nouvelle effervescence. Surnommé Soho Benita, ce Soho de poche réunit une poignée de boutiques parmi les plus branchées du moment le long des calles Pérez Galdós et Don Alonso el Sabio. C'est la destination pour « shopper » hors des sentiers battus, dénicher accessoires et bijoux de jeunes créateurs, et s'inspirer de lieux décalés qui mêlent mode, art et design.

6 Plaza de la Alfalfa★

Alfalfa ou… « luzerne ». En effet, cette petite place très populaire accueillait autrefois le marché au foin. Aujourd'hui, c'est plutôt un lieu agréable pour prendre un verre à l'ombre des grands arbres. Le dimanche matin, prenez le temps de vous arrêter à la Iglesia San Isidorio, dédiée au célèbre évêque wisigoth de Séville (c. Augusto Plasencia, 2).

7 Pour une pause tapas : Bar Alfalfa★★

Derrière une charmante façade début XXe s. se cache un sympathique bar de quartier. Plein de bouteilles de vin et de jambons, on peut y manger des tapas à toute heure : brochette de poulet, sandwich au *lomo*, charcuterie, fromages… Pratique pour combler les petits creux quand les cuisines de Séville sont fermées entre 16h et 20h. Mais attention, ce petit bar en coin est très populaire chez les jeunes, et vite bondé !

C. Candilejo, 1
(au coin de la c. Alfalfa)
☎ 954 22 23 44
T. l. j. 9h-0h30
Tapas de 2,30 à 2,90 €, paiement en espèces.

San Bartolomé et Santa Catalina

Voir plan détacha
C2-3/D2-3 et zoom G6/

Le temps semble suspendu au détour des vieilles églises et des couvents silencieux, des tavernes et des petites échoppes d'un autre âge. Vous êtes dans l'un des plus anciens quartiers de Séville, loin des foules et du brouhaha du centre, où se cache derrière de hauts murs la resplendissante Casa de Pilatos.

❶ Casa de Pilatos★★★

Plaza de Pilatos, 1
☎ 954 22 52 98
www.fundacion medinaceli.org
T. l. j. 9h-19h (18h nov.-mars)
Visites guidées du 1er étage 10h-18h30 (17h30 en hiver)
Entrée plein tarif avec audioguide : 8 €
(6 € le rez-de-chaussée seul), gratuit mer. 15h-18h30 pour les ressortissants de l'UE
Voir « Pour en savoir plus » p. 43.

La famille ducale des Medinaceli a la chance d'habiter encore une partie de ce magnifique palais sévillan qui combine les styles gothique, Renaissance et surtout mudéjar. Vous saurez apprécier les statues romaines, les faïences, les plafonds

sculptés ou le superbe plafond peint par Pacheco (1564-1654). Mais si vous préférez, vous pourrez passer un moment très agréable dans les patios à la végétation luxuriante. Laissez-vous bercer par le murmure rafraîchissant des fontaines…

❷ Convento de San Leandro★

Plaza de San Ildefonso, 1
☎ 954 22 41 95
***Torno* : lun.-sam. 9h30-13h et 17h-19h.**

Voilà qui est impardonnable : ces sœurs recluses vous font risquer de commettre le péché de gourmandise ! Leurs *yemas* sont des confiseries à base de sucre et de jaune d'œuf qui ont rendu célèbre le couvent de San Leandro. On les trouve 'ans plusieurs magasins le la ville, mais les pâtisseries eront plus fraîches et moins hères ici. L'église abrite l'impressionnants retables le Martínez Montañés.

3 Iglesia de San Pedro★★

'laza San Pedro
☎ 954 21 68 58
un.-ven. 9h30-11h30 t 19h-20h30.

ncore une église qui fut onstruite (XIVe s.) sur le site l'une ancienne mosquée. Mais, cette fois, il ne reste lus de traces du passé. 'église, où fut baptisé Velázquez, abrite des œuvres le Zurbarán, Lucas Valdés t Francisco Herrera, ainsi que la statue du *Cristo de Burgos* portée en procession ors de la Semaine sainte.

4 Convento de Santa Inés★

C. Doña María Fernández Coronel, 3 et 5
Le couvent ne se visite pas
• *Torno* : t. l. j. sf dim. et j. f. 9h-13h et 16h-18h30
• Salle d'expo au n° 7,
☎ 954 56 31 46
Mar.-sam. 11h-14h et 18h-20h30, dim. 11h-14h
Entrée libre.

Ce couvent de clôture fut fondé en 1374 par la noble doña María Coronel, dont la dépouille est exposée une fois par an. Celle-ci se serait jeté de l'huile bouillante sur le visage pour éloigner le prétendant Pierre Ier le Cruel. Les sœurs clarisses y préparent madeleines, beignets et les fameux *bollitos de Santa Inés*, des petits pains au sésame (*torno* au fond de la cour). L'église abrite l'orgue de la légende *Maese Pérez l'organiste* d'Adolfo Bécquer, et une salle accueille des expositions d'art.

5 Iglesia de Santa Catalina★

C. Alhóndiga, s/n
☎ 954 21 74 41
F. au public.

Les habitants du quartier se battent pour sauver de la ruine l'adorable église Santa Catalina (XIVe s.). Construite à l'emplacement d'une ancienne mosquée, on ne peut qu'observer sa tour mudéjare et son très beau portail. Le quartier est animé par un ensemble de bars et de terrasses qui invitent à la pause.

6 Pour une pause dans le plus vieux bar de Séville : El Rinconcillo★★★

Fondé en 1670, El Rinconcillo est le bar le plus ancien de Séville... Imaginez un peu, Murillo aurait pu le fréquenter dans ses vieux jours ! Tenue par la même famille depuis 1860, cette institution au charme suranné est célèbre dans toute l'Espagne et a vu défiler artistes et hommes politiques. Un monument historique bien vivant avec son lot d'habitués, à savourer accoudé au vieux comptoir.

C. Gerona, 40 – ☎ 954 22 31 83 – T. l. j. 13h-1h
Boissons de 1,80 à 2,80 €.

Voir plan détachable C3-4/D3-4 et zoom H7-8/I7-8

El Arenal, corrida et légendes taurines

Habité à une époque par tous les coquins de Séville attirés par le mouvement et l'agitation du port, El Arenal est aujourd'hui un beau quartier baigné par le Guadalquivir. Mais gare au réveil du démon des lieux : les jours de corrida, l'ambiance est fiévreuse. Les âmes romantiques préféreront peut-être, en fin de soirée, une promenade le long du fleuve pour contempler la splendeur de l'amante de Séville, de l'autre côté de l'eau : Triana.

❶ Real Maestranza★★★

Paseo de Colón, 12
☎ 954 22 45 77
www.realmaestranza.com
T. l. j. 9h30-19h (20h mai et oct., 23h juin-sept.), sf j. de corrida, visites jusqu'à 15h (excluant chapelle et écuries)
Visite guidée : 7 € (40 min, 3 par heure), entrée libre lun. 15h-19h
Corridas : de 20 à 150 € (dim. 18h30-19h), *novilladas* à partir de 13 € ; infos sur www.plazadetorosdelamaestranza.com
Voir « Pour en savoir plus » p. 44.

Commencées en 1761 et achevées 120 ans plus tard, les arènes mythiques de Séville, où ont triomphé les plus grands toreros, présentent un style baroque tardif et des éléments décoratifs classiques. À moins d'être un aficionado, la visite guidée peut être décevante. Elle permet seulement l'accès aux gradins (pas à la piste !), à la galerie de peintures, au Musée taurin, à la chapelle et aux écuries. Pour assister à une corrida, voir p. 58-59.

❷ Statue de Carmen★

En face des arènes s'élève la statue en bronze de Carmen, fière et provocante telle que

ont décrite le roman de Iérimée et l'opéra de Bizet… ombé sous le charme de a bohémienne, don José abandonna une carrière nilitaire prometteuse pour levenir contrebandier ; mais rahissant cet amour, la jeune spagnole se laissa séduire par n beau torero, au prix de sa vie.

3 Torre del Oro★★

aseo de Colón
☎ 954 22 24 19
un.-ven. 9h30-18h45,
am.-dim. 10h30-18h45
ntrée plein tarif : 3 €,
ratuit lun.

âtie au XIIIe s., la tour de l'Or aisait partie du système de léfense almohade et permettait le contrôler les navires qui emontaient le fleuve (une haîne la reliait à une tour dentique sur l'autre rive). on nom proviendrait des zulejos dorés qui recouvraient adis ses murs. Par la suite, n y entreposa les précieuses narchandises en provenance u Nouveau Monde. Elle brite aujourd'hui boussoles, naquettes et cartes de avigation du Musée naval.

4 Hospital de la Caridad★★★

. Temprado, 3
☎ 954 22 32 32
www.santa-caridad.es
un.-sam. 9h-13h et 15h30-19h,
lim. et j. f. 9h-12h30
sf lors des messes)
ntrée plein tarif (avec
udioguide) : 5 €
/oir « Pour en savoir plus » p. 45.

En 1667, Miguel de Mañara (qui urait inspiré le *Don Juan* de Aolière) finança la construction l'un hospice pour la confrérie le la Charité afin de racheter es péchés. Depuis le XVe s., a Charité avait pour mission l'enterrer les cadavres des ndigents, condamnés à mort et noyés. Seule partie ouverte au public, la chapelle San José est un joyau du baroque sévillan décoré par les artistes Valdés Leal, Murillo et Pedro Roldán. Chair de poule garantie devant les tableaux de Valdés Leal dénonçant la brièveté de la vie et la vanité des biens terrestres…

5 Reales Atarazanas★

C. Temprado, 1
☎ 954 62 46 27
www.fundacionreales atarazanas.org
F. pour restauration.

Une façade néoclassique cache ce fleuron de l'architecture médiévale espagnole. Les arsenaux royaux commandés en 1252 par le roi Alfonso X, dit El Sabio, alignent sept immenses nefs gothico-mudéjares (17 à l'origine) où l'on fabriqua jusqu'au XVe s. bateaux et galères pour contrer les incursions nord-africaines.

6 El Postigo★

C. Arfe, s/n
☎ 954 56 00 13
Lun.-ven. 10h-20h, sam.-dim. 11h-20h (19h en hiver).

Ce drôle de petit édifice en brique a troqué son marché de gros pour un petit marché permanent d'artisanat andalou. Vous y trouverez les créations contemporaines de divers

artisans sévillans à des prix raisonnables : céramique décorative, vaisselle, vases, azulejos, bijoux, miroirs, éventails et accessoires en cuir.

7 Mercado del Arenal★

C. Pastor y Landero, s/n
Facebook : Mercado del Arenal
Marché : t. l. j. 7h-13h
Commerces et bars : jusqu'à 20h.

L'ancien couvent del Pópulo devenu prison a laissé place à ce marché couvert conçu en 1947 par Juan Talavera y Heredia. Dans les allées, dégustation de crus locaux au bar à vins Donde los Vinos, café fraîchement torréfié chez Tinto del Huila. La Cervecería Marisquería El Arenal attire les amateurs de fruits de mer, et les chanteurs lyriques donnent de la voix à Sevilla de Ópera (p. 122).

8 Pour une pause glace : La Fiorentina★★★

Incomparable artisan glacier, Joaquin Liria Bulnes a su intégrer toutes les saveurs de Séville dans des glaces 100 % naturelles : fleur d'oranger, *pestiño* ou *torrija* (inspirés des pâtisseries de couvents), *dulce Colombino* (cannelle, café, chocolat, en hommage à la découverte des Amériques), *dulce de palmera* (biscuit cœur de palmier)… Goûtez les surprenantes glaces au manzanilla ou au vinaigre de Jerez pour un avant-goût de Feria !

C. Zaragoza, 16 – ☎ 954 22 15 50
www.heladerialafiorentina.com – T. l. j. 12h30-1h ; f. janv.-fév.
Glaces à partir de 2,50 €.

Le quartier de l'université sur un petit air d'opéra

Voir plan détacha D3

Entre les jardins de l'Alcázar et le parc María Luisa, le quartier de l'université vous plonge au cœur de l'histoire et des légendes romantiques de Séville. Quelques pavillons de l'Exposition de 1929 et le majestueux hôtel Alfonso XIII côtoient des monuments plus anciens, fruits des échanges avec le Nouveau Monde. Découverte d'un quartier aux grands airs bercé agréablement par la rumeur estudiantine…

❶ Real Fábrica de Tabacos★★★

Universidad
C. San Fernando, 4
☎ 954 55 10 52 ou
☎ 954 55 11 23
Visite guidée gratuite lun.-jeu. à 11h sf en août (r.-v. dans le vestibule d'accès à l'Área de Relaciones Institucionales) ou ven.-sam. sur résa (http://institucional.us.es/vrelinstitu/tipo1)
Entrée libre
Voir « Pour en savoir plus » p. 46.

Édifiée entre 1728 et 1771, l'ancienne manufacture royale de tabac (la première du genre en Europe !) a fonctionné jusque dans les années 1950. Au XIXe s., des milliers de *cigarreras* sévillanes, dont les plus jeunes n'avaient que 12 ans, y ont fabriqué la majorité de la production de cigares européens. L'édifice le plus vaste d'Espagne après l'Escorial de Madrid abrite aujourd'hui l'université de Séville.

❷ Casino de la Exposición★★

Av. María Luisa, s/n
et Glorieta de San Diego
☎ 955 47 29 92
http://casinodelaexposicion.org
Mar.-dim. 10h-14h et 17h30-21h quand expo
Entrée libre ou payante.

Casino et théâtre de l'Exposition de 1929, l'ancien pavillon de Séville accueille des expositions

Le mythe des *cigarreras* sévillanes

Les cigarières entassées dans le vacarme des chants, des rires et des disputes ne pouvaient qu'exalter l'imagination des voyageurs romantiques du XIXe s. Ces femmes de caractère ont inspiré le célèbre personnage de Carmen à Mérimée dont Bizet fit un opéra et le peintre régionaliste Gonzalo Bilbao les a immortalisées dans sa toile Las Cigarreras (Museo de Bellas Artes p. 30). C'est à l'entrée de la fabrique où elle travaillait que naquit l'amour entre l'indomptable gitane et don José.

ux thèmes variés dans une mmense salle en rotonde éobaroque. Le théâtre Lope de 'ega, du nom du Shakespeare spagnol, est quant à lui dédié u répertoire classique espagnol. faut assister à un spectacle our s'imprégner de son charme out romantique (p. 123).

3 Casa de la Ciencia – abellón del Perú★

v. del Chile
☎ 954 23 23 49
ww.casadelaciencia.csic.es
Mar.-dim. 10h-21h
ntrée plein tarif : 3 €, lanétarium 2 €.

e pavillon du Pérou est l'œuvre e Manuel Piqueras Cotolí, onnu pour ses réalisations néo-ndigénistes à Lima. L'édifice nêle les éléments colonialistes balcons en bois) avec les décors n pierre, statues et mosaïques ndigènes. Aujourd'hui, le onsulat du Pérou partage les eux avec le planétarium et les xpositions temporaires de la Maison des sciences.

4 Centro de Arte Contemporáneo – Fundación Valentín de Madariaga★

v. María Luisa, s/n
☎ 954 36 60 72
www.fundacionvmo.com
Visites guidées gratuites sur résa par tél. : lun.-jeu. 9h-17h, ven. 9h-13h et 17h-19h, sam.-dim. 10h30-13h45 ; f. en août.

Cette fondation, logée dans l'ancien pavillon des États-Unis, anime un centre d'art contemporain. La collection permanente a pour thème la nature et comprend des œuvres de Warhol et des Sévillans MP & MP Rosado. Les expos temporaires présentent des artistes espagnols ou étrangers.

5 Costurero de la Reina★

Paseo de las Delicias, 9
☎ 954 23 44 65
Lun.-ven. 9h-14h
Entrée libre.

Premier exemple d'édifice néomudéjar à Séville, ce pavillon de chasse construit en 1893 pour le duc de Montpensier faisait partie à l'origine des jardins du palais San Telmo. La légende raconte que la fille du duc, la reine María de las Mercedes (épouse d'Alfonso XII), en avait fait son salon de couture personnel, d'où son nom. En réalité, la jeune fille de 18 ans fut emportée par la tuberculose 15 ans avant

sa construction. Le petit palais abrite aujourd'hui un point d'information touristique et un centre sur l'Exposition de 1929.

6 Palacio de San Telmo★

Av. de Roma, s/n
☎ 955 03 55 00
www.juntadeandalucia.es
Visite gratuite sam.-dim. sur résa au ☎ 955 00 10 10.

Œuvre de Leonardo de Figueroa (XVIIe s.), ce palais emblématique du baroque sévillan doit son nom au patron des marins. École de navigation puis résidence des ducs de Montpensier, c'est aujourd'hui le siège de la Junta de Andalucía. Ne manquez pas le superbe portail de la façade principale d'un baroque échevelé, et les statues des Douze Sévillans illustres (c. Palos de la Frontera), dont Lope de Rueda, Murillo et Velázquez.

7 Pour une pause dans un palace des années 1920 : Hotel Alfonso XIII★

Classé au Patrimoine mondial de l'Unesco, ce luxueux palace néomudéjar fut inauguré par Alfonso XIII pour l'Expo de 1929. Pour s'imprégner de l'atmosphère chic de ce haut lieu de l'aristocratie sévillane et rendez-vous des grands de ce monde, sirotez un thé dans le patio (4-6 €) ou un cocktail en soirée dans le bar américain Art déco.

C. San Fernando, 2 – ☎ 954 91 70 00
www.luxurycollection.com/alfonsoXIII
T. l. j. 7h-minuit – Entrée libre.

Voir plan déta
E2-

Le parc María Luisa, une bouffée de romantism

Le site de l'Exposition ibéro-américaine de 1929 vous embarque dans les allées exotiques du parc María Luisa, à parcourir à pied ou en calèche. Entre palmiers et eucalyptus géants se profilent les merveilleux pavillons d'Aníbal González, don le plus symbolique de l'histoire d'Espagne : la plaza de España. Derrière l'avenida de la Borbolla fleurissent les villas Art nouveau et régionalistes du quartier d'El Porvenir, charmant héritage de l'Expo ignoré des touristes.

❶ Parque de María Luisa★★★

Av. María Luisa, s/n
T. l. j. 8h-22h
Voir « Pour en savoir plus » p. 47.

Le parc n'était à l'origine qu'un petit morceau des jardins du Palacio de San Telmo, dont l'infante María Luisa fit don à la ville en 1898. Réaménagé dans le goût romantique, il invite à un bel itinéraire botanique entre fontaines, bassins, bancs reluisants d'azulejos, tonnelles et gloriettes (monuments à la gloire des grands écrivains espagnols). La glorieta de Bécquer (1911), hommage au poète sévillan, est la plus charmante avec ses trois Andalouses alanguies sur un banc, allégories des âges de l'amour en proie aux flèches de Cupidon.

❷ Plaza de España★★★

T. l. j. 8h-minuit (22h l'hiver).

La plaza de España est l'œuvre majeure de l'Exposition ibéro-américaine de 1929, celle qui immortalisa l'architecte Aníbal González. Elle impressionne, avec son immense bâtiment néo-Renaissance en hémicycle délimité par deux tours identiques hautes de 80 m, symbolisant le pouvoir de Fernando et Isabel la Católica. Sur l'eau qui entoure la péninsule d'Espagne, des ponts en azulejos représentent les quatre anciens royaumes :

Navarre, León, Castille et Aragon. Les céramiques, elles, passent en revue les cinquante-huit provinces espagnoles.

3 Plaza de América★★

Place d'honneur de l'Exposition de 1929 conçue par Aníbal González, la plaza de América illustre les trois principaux styles architecturaux sévillans – gothique, mudéjar et Renaissance – à travers les trois édifices qui la bordent : le Pavillon royal (Pabellón Real, ne se visite pas), le musée des Arts et Traditions populaires et le Musée archéologique. Tout au bout, la placette de las Palomas aux jolies fontaines est blanche des colombes qui s'y posent (vendeurs de graines).

4 Museo de Artes y Costumbres Populares★★

Plaza de América, 3
☎ 955 54 29 51
www.museosdeandalucia.es
Mar.-sam. 10h-20h30, dim. et j. f. 10h-17h (juin-sept. : mar.-dim. 10h-17h) ; f. 1er janv., 1er mai et 25 déc.
Entrée libre pour les ressortissants de l'UE.

Le magnifique Pavillon mudéjar abrite les collections du musée des Arts et Traditions populaires. Reconstitutions d'intérieurs (maisons, ateliers de luthiers, de potiers...), costumes, broderies, bijoux, instruments de musique et céramiques livrent un large panorama de l'artisanat andalou et de tous les clichés liés à la vie sévillane, des accessoires de corridas aux costumes de la Feria et de la Semaine sainte.

5 Museo Arqueológico★★★

Plaza de América
☎ 955 12 06 32
www.museosdeandalucia.es

Mar.-sam. 10h-20h30, dim. et j. f. 10h-17h (juin-sept. : mar.-dim. 10h-17h) ; f. 1er janv., 1er mai et 25 déc.
Entrée libre pour les ressortissants de l'UE.

Dans un pavillon néo-Renaissance, la collection archéologique du musée des Beaux-Arts retrace l'histoire des peuples de la région de Séville du paléolithique au Moyen Âge. Ne manquez pas le Trésor du Carambolo de l'époque des Tartessiens (VIIe s. av. J.-C.) et la superbe collection de mosaïques et de statues romaines (Mercure, Vénus, Diane chasseresse) prélevées pour la plupart à Itálica, au nord de Séville.

7 Jardines de las Delicias★★

Entre paseo de las Delicias et av. Santiago Montono
T. l. j. 8h-22h.

Plus secrets que le parc María Luisa (peu de touristes s'y aventurent !), ces jardins du XVIIIe s. ont été réaménagés en pleine période romantique à la fin des années 1820. Gloriettes, petits sentiers ourlés de verdure, fontaines, statues, on y flâne avec délice et la guinguette Kiosco Libano (www.kioscolibano.com) permet d'y boire un verre les soirs d'été.

6 Pour une pause dans un kiosque historique : Kiosco Abilio★★

Les habitants du quartier d'El Porvenir et les habitués du parc sont attachés à cette petite buvette tenue par la même famille depuis trois générations. L'ancien kiosque à eau construit pour l'Expo de 1929 est le rendez-vous des cavaliers pendant la Feria, qui s'y restaurent sans descendre de cheval. Tapas bon marché, glaces et *granizados* dans une sympathique institution 100 % sévillane !

Av. de Don Pelayo, derrière le Pabellón Real – ☎ 686 23 75 01
Mar.-dim. 10h-minuit (17h en hiver) – Tapas 2,50 €.

9

Voir plan détacha
A2-3/E

La Macarena, l'âme de Séville

Petit village dans la ville, le barrio de la Macarena est fameux pour abriter la plus belle *dolorosa* d'Andalousie. Merveilles mudéjares et baroques dans la pieuse calle San Luis, tavernes et commerces d'une autre époque dans la calle Feria et animation bouillonnante dans le plus vieux marché couvert de la ville… le charme opère dans ce quartier populaire où la bohème sévillane fait peu à peu son nid.

❶ Hospital de las Cinco Llagas★★★

Entrée par la c. Andueza
☎ 954 59 21 00 ou
☎ 954 59 22 88
www.parlamentodeandalucia.es
Visite sept.-juin sur résa au
☎ 954 59 59 29.

L'hôpital « des Cinq-Plaies », l'un des plus beaux édifices de la Renaissance sévillane, a notamment recueilli des marins de retour des Amériques et atteints de maux inconnus. Depuis 1992, il est le siège du Parlement andalou. Son église de style maniériste, en forme de croix latine, est devenue le salon des séances plénières.

❷ Murallas et Puerta de la Macarena★★

Séville fut la ville la mieux fortifiée d'Europe mais, de l'enceinte élevée par les

Almohades au XIIe s., il ne reste que quelques bastions et une tour polygonale. La cité se trouvait efficacement défendue contre les assauts ennemis et les redoutables inondations du Guadalquivir. Revue dans le goût baroque au XVIIIe s., la Puerta de la Macarena, seule rescapée des seize portes de l'ancienne muraille, était le passage obligé des rois qui entraient dans la ville.

3 Basílica de la Macarena★★

C. Bécquer, 1
☎ 954 90 18 00
T. l. j. 9h-14h et 17h-21h
Entrée plein tarif : 3 € (5 € musée).

C'est ici que vous découvrirez la Vierge la plus vénérée de la ville, la *Virgen de la Esperanza Macarena*. La statue baroque trône, auréolée d'or, à l'intérieur d'un tabernacle, lui-même chef-d'œuvre d'orfèvrerie. Donnant un bon aperçu de la Semaine sainte, son petit musée expose des *pasos,* des objets processionnels ainsi que les riches parures de la Vierge : couronnes d'or et de diamant, et manteaux richement brodés.

4 Calle San Luis★★

D'un côté, les tours-clochers des églises gothico-mudéjares Santa Marina et San Marcos (XIVe s.) rappellent la Giralda avec leurs exquises décorations de brique. De l'autre, l'éblouissante Iglesia de San Luis de los Franceses (f. pour restauration), joyau baroque de Leonardo de Figueroa à la façade sculptée et aux coupoles vernissées, renferme un délirant décor de Duque Cornejo et Lucas Valdés. L'espace de création artisanale Rompemoldes (p. 93) et le chausseur branché Zapata (p. 84) sont les surprises d'un quartier en pleine ébullition.

5 Convento de Santa Paula★★

C. Santa Paula, 11
☎ 954 53 63 30 ou
☎ 954 54 00 22
• Boutique : f. à 18h
• Monastère : mar.-dim. 10h-13h
Entrée plein tarif : 3 €.

Ce monastère royal est parmi les meilleurs exemples d'architecture religieuse sévillane du XVe s. À l'intérieur, vous visiterez le petit musée d'objets religieux, puis, après avoir admiré la porte gothique mudéjare décorée d'azulejos – œuvre la plus représentative du style « Reyes Católicos » à Séville –, l'église et ses magnifiques sculptures et retables. Vente de confitures (env. 3,10 €), pâtisseries et liqueur de café.

6 Calle Feria★★

Tavernes désuètes et petites échoppes remplies de meubles (on y déniche les fameuses petites chaises en bois peint !) se partagent cette *calle* sans fard à l'ambiance populaire. La portion la plus pittoresque se situe entre l'église Omnium Sanctorum, avec son adorable marché couvert du XIXe s. (voir Mercado Feria, p. 99), et San Juan de la Palma. À arpenter le jeudi matin pendant El Jueves (p. 98), le plus vieux marché aux puces de la ville !

7 Palacio Marqueses de la Algaba★

Plaza Calderón de la Barca
☎ 955 47 20 97
Lun.-ven. 10h-14h et 17h-20h, sam. 10h-14h
Entrée libre.

Derrière le Mercado Feria, ce palais des XVe-XVIe s. est l'un des principaux exemples sévillans d'architecture civile mudéjare. En ruines pendant des décennies, il a été entièrement rénové et abrite un petit centre d'interprétation d'art mudéjar où sont exposés des fragments archéologiques.

8 Pour une pause grillades branchée : Sacramento★★

Viandes cuites à la braise accompagnées de *mojo picón* ou *verde*, œufs frits avec *papas arrugas* (frites), tapas de charcuterie et de fromages, la carte toute simple privilégie une cuisine 100 % maison, bon marché et élaborée avec des produits locaux. Côté salle, déco nostalgique et rigolote dans l'esprit de la Costa del Sol des années 1960 : 45-tours, affiches de cinéma et poupées flamencas kitsch à souhait.

C. Feria, 141 – ☎ 680 12 82 09
Mar.-sam. 12h30-16h et 20h-minuit, dim. 12h30-16h
Tapas de 2,50 à 3 €, plats de 7,30 à 8,60 €.

Voir plan détachable A3/B3/C3

Alameda et San Lorenzo

Le quartier de la Alameda est devenu en quelques années le fief des boutiques et des bars branchés. Autrefois malfamée, l'esplanade aujourd'hui réaménagée est devenue le lieu de rendez-vous de la jeunesse bohème pour boire un verre et faire la fiesta en fin de semaine. Vers l'église de San Lorenzo, le quartier prend des allures plus calmes et familiales avec ses églises, couvents et petits commerces.

❶ Alameda de Hércules★

La célèbre esplanade fut aménagée sur une zone marécageuse asséchée en 1574 à l'initiative du comte de Barajas. Délimitée par les statues d'Hercule et de César, elle devint aux XVIIe et XVIIIe s. l'une des plus élégantes promenades arborées d'Europe. Le lieu, très dégradé au XIXe s., se transforma en boulevard poussiéreux fréquenté par les marginaux et clients des maisons closes. Aujourd'hui, avec ses nombreux bars, la Alameda est un incontournable de la *noche* sévillane.

❷ Regla de Papel★★★

C. Mata, 16
☎ 654 72 27 57
Lun.-ven. 10h-18h ; f. en août.
Dans une échoppe discrète de la Alameda, ce couple d'artisans recouvre avec délicatesse boîtes, livres, carnets (de 3 à 45 €), albums photo et kaléidoscopes avec de superbes papiers peints à la main, vieilles planches de BD et cartes anciennes chinées au Mercado Feria voisin. Vous pouvez venir

③ Pour une pause art & food : Red House★

Dans un ancien garage, ce coffee-shop alternatif attire tout le Séville cool et branché. On y grignote tartines, tapas de conserves ou charcuterie arrosées de vins locaux entre meubles rétro et œuvres déjantées d'artistes eux aussi locaux. Que ce soit le fauteuil Art déco ou le canapé fleuri dans lequel vous sirotez votre café, ici tout est à vendre ! Défilés de mode, concerts, DJ sets… animent les lieux.

C. Amor de Dios, 7 – ☎ 661 61 56 46 – www.redhousespace.com
Mar.-jeu. 12h-minuit, ven. 12h-1h, sam. 13h-1h, dim. 13h-22h30
Tapas de 3 à 5 €.

avec votre propre papier pour personnaliser l'objet de votre choix.

④ Iglesia de San Lorenzo y Basílica Jesús del Gran Poder★★

Plaza San Lorenzo
☎ 954 91 56 86
Sam.-jeu. 8h-13h30 et 18h-21h, ven. 7h30-22h.

Annoncée par un superbe clocher du XVe s., l'église gothico-mudéjare de San Lorenzo abrite la fresque colossale et précieuse de la Vierge de Rocamadour. Sur la même place s'élève la chapelle del Señor del Gran Poder, où les fidèles font la queue pour baiser le talon d'un christ du XVIIIe s. portant la Croix.

⑤ Espacio Cultural de Santa Clara★★

C. Becas, s/n
☎ 955 47 13 02
www.icas-sevilla.org
Mar.-sam. 10h-14h et 16h-20h, dim. et j. f. 11h-15h ; f. en août
Ouv. pdt expos
Entrée libre ou payante.

L'ancien couvent de Santa Clara abrite un centre culturel de l'Institut de la culture et des arts de Séville (ICAS), hôte d'activités artistiques diverses (théâtre, musique, poésie, danse…). Deux grandes salles sont dévolues aux expositions temporaires sur des thèmes en relation avec Séville et l'Andalousie. Traversez le cloître pour jetez un œil à l'ancien réfectoire. Fermé au public, le second patio est dominé par la Torre de Don Fadrique, dernier vestige du palais du frère d'Alphonse X.

⑥ Centro de las Artes de Sevilla★

C. Torneo, 18
☎ 955 47 11 91
www.centrodelasartesdesevilla.org
Mar.-sam. 11h-14h et 18h-21h, sauf j. f.
Entrée libre.

Niché dans le monastère de San Clemente, le CAS est un centre expérimental dédié aux pratiques artistiques contemporaines et aux nouveaux médias. Dans la galerie, des expositions temporaires font le zoom sur les travaux d'artistes sévillans et andalous : peinture, photographie, art digital… Le CAS accueille aussi des spectacles vivants (p. 123).

⑦ Real Monasterio de San Clemente★

C. Reposo, 9
☎ 954 37 80 40
www.sanclementesevilla.com
Visite de l'église pour groupes sur résa
***Torno* : t. l. j. sf mar. matin 10h-12h45 et 15h30-17h15 (11h dim.)**
Entrée plein tarif : 2 € (sf dim. lors de la messe).

Ce monastère royal fondé par Ferdinand III après la Reconquista (XIIIe s.) est le plus ancien de la ville et abrite le tombeau de la reine María de Portugal, mère de Pierre Ier le Cruel. L'église, riche d'œuvres de Valdés Leal, ne se visite pas mais voilà de quoi se consoler : les sœurs cisterciennes y fabriquent confitures à l'orange, *pestiños* de miel et *tortas de polvorón* (gâteaux aux amandes) !

⑧ Torre de los Perdigones★

C. Resolana, s/n
☎ 679 09 10 73
www.torredelosperdigones.com
Mar.-dim. 11h30-17h (15h30 juil.-sept.), visites guidées toutes les 30 min ; f. les j. de pluie et 15 j. en été
Entrée plein tarif : 4 €, résa obligatoire.

Construite en 1890, cette tour de brique haute de 45 m est le dernier vestige d'une ancienne fabrique de munitions en plomb, fermée dans les années 1950. Une chambre noire permet de contempler la ville de façon originale, comme une photographie mais en mouvement.

11 Barrio del Museo

Voir plan détachable C3-4 et zoom G8/H8

Le musée des Beaux-Arts a donné son nom au quartier. Si vous parvenez à vous arracher aux salles de cette extraordinaire pinacothèque, la deuxième d'Espagne après celle du Prado de Madrid, faites un tour par la belle église de la Magdalena ou l'ancienne gare de Séville aux airs de palais mauresque. À moins que vous ne préfériez vous perdre dans les ruelles pavées du barrio aristocratique de San Vicente, bordées de riches maisons à miradors…

❶ Museo de Bellas Artes★★★

Plaza del Museo, 9
☎ 955 54 29 42
www.museosdeandalucia.es
Mar.-sam. 10h-20h30, dim. et j. f. 10h-17h (16 juin-15 sept. : mar.-dim. et j. f. 10h-17h) ; f. 1er janv., 1er mai et 25 déc.
Entrée libre pour les ressortissants de l'UE
Voir « Pour en savoir plus » p. 48.

Installé depuis 1839 dans l'ancien couvent baroque de la Merced, il offre l'une des plus belles collections d'art espagnol au monde. Les plus grands artistes (Murillo, Zurbarán, Velázquez, Valdés Leal) y sont représentés. L'ancienne église présente des peintures monumentales du Siècle d'or. Ne manquez pas la *Vierge à la serviette* de Murillo, qui aurait été peinte pour l'ordre des Capucins sur une serviette de table.

Maarten de Vos, Jugement dernier

2 Monument de Murillo★

Après la visite du musée des Beaux-Arts, prenez le temps de souffler sur les bancs de la plaza del Museo. Au centre de cette petite place arborée et romantique s'élève la statue en bronze du peintre Murillo : un hommage de la ville à son plus célèbre artiste. Le monument symbolise les principales branches constituant les beaux-arts : la peinture, la sculpture, l'architecture, la poésie et la musique.

3 Calle San Vicente★

La calle San Vicente fut l'une des plus élégantes rues de Séville durant les XVIIIe et XIXe s. À noter, la splendide maison du marquis de Tablantes, siège du parti socialiste depuis 1980. Remontez la rue jusqu'au n° 62 (église Santa Maria la Real), puis au n° 91 (couvent des Franciscains de San Antonio de Padua). Plus haut, la paroisse de San Vicente date du XIIIe s.

4 Plaza de Armas★★

Marqués de Paradas
Plaza de la Legión, s/n
☎ 954 90 82 82
www.centrocomercialplazadearmas.es
- **Boutiques : lun.-sam. 9h-22h**
- **Restauration : t. l. j. 12h-1h.**

5 Pour une pause dans l'hôtel des toreros : El Burladero★

Le bar à tapas de l'hôtel Mélia Colón, fief des toreros pendant la saison des corridas, est décoré de photos liées à l'univers tauromachique. Dans un cadre chic et contemporain, on se laisse griser par les grands classiques de la cuisine andalouse : queue de taureau, gaspacho et autres *salmorejos* revisités d'une touche actuelle.

C. de Canalejas, 1 – ☎ 954 50 55 99 – T. l. j. 12h-minuit
Tapas de 4 à 6 €, *ración* de 6 à 18 €.

Ce centre commercial et de loisirs est logé dans l'ancienne gare ferroviaire de Cordoue (1901), remarquablement restaurée. Son style néomudéjar s'inspire du bassin de l'Alhambra de Grenade et des arcades de la mosquée de Tanger ; son allure grandiose est surprenante. Réparti sur deux étages et agrémenté d'un gigantesque patio, Plaza de Armas abrite des boutiques, un espace de jeux pour les enfants, un cinéma et des restaurants avec terrasse.

6 Iglesia de la Magdalena★★★

C. San Pablo, 10
☎ 954 22 96 03
Lun.-sam. 8h-11h et 18h30-20h, dim. 8h45-13h et 18h30-20h.

Cette église de style baroque datant du XVIIIe s. est le seul vestige de ce qui fut autrefois l'un des principaux couvents d'Espagne, le Convento de San Pablo. Haute en couleur, les tons terre rouge et bleu dur ornent son clocher. Elle se divise en trois nefs, décorées des fresques de Lucas Valdés et d'œuvres de Valdés Leal et de Zurbarán.

7 El Corte Inglés★★

Plaza del Duque de la Victoria, 6, 8 et 13
☎ 954 59 70 00
www.elcorteingles.es
Lun.-sam. 10h-22h.

On trouve tout au Corte Inglés : prêt-à-porter, accessoires, cosmétiques, articles pour la maison, gastronomie, souvenirs. Le magasin principal se situe au n° 13, le magasin du n° 6 est dédié à la mode et celui du n° 8 au multimédia (hi-fi, vidéo, livres, disques...). Deux autres adresses : plaza de la Magdalena, 1, ☎ 954 59 70 10 (maison), et c. Luis Montono, 122, ☎ 954 57 14 40.

Déballage de toiles

Avis aux amateurs d'œuvres d'art ! Tous les dimanches matin, un petit marché d'art se tient sur la place du musée des Beaux-Arts sous l'œil attentif de la statue de Murillo. Artistes de tout poil, confirmés ou encore étudiants aux Beaux-Arts, exposent leurs toiles à même le sol. Il y en a pour tous les goûts et toutes les bourses. Qui sait si vous n'allez pas découvrir la perle rare dans cette pépinière d'artistes que Séville s'est plu à cultiver tout au long de son histoire ?

Mercadillo de Pintura : plaza del Museo – Dim. 9h-14h.

Voir plan détachable D4/E3-4

Triana,
côté calle Betis

Au bord du Guadalquivir, en face de l'Arenal, Triana est un quartier populaire doté d'une forte identité. Tout le monde vous dira qu'il a donné naissance à nombre de toreros et d'artistes du monde du flamenco. Il se dégage de ces lieux une ambiance diffuse de fête, de tradition et de dévotion religieuse. Triana, libre et ouverte, reçoit du Guadalquivir l'air et les odeurs de la mer.

❶ Puente de Isabel II★★

Surnommé *Puente de Triana*, c'est le premier pont qui a fait la liaison entre Séville et Triana. Jusqu'à l'inauguration du pont de fer conçu par deux ingénieurs français en 1857, la traversée se faisait sur un pont flottant arabe du XIIe s. À l'extrémité, voir l'adorable Capillita del Carmen, petite chapelle de briques et d'azulejos dessinée par Aníbal González en 1928. En face, grimpez boire un verre sur la terrasse d'El Faro, ancienne station d'où partaient les bateaux vers San Lucar : vue imprenable sur le Guadalquivir !

❷ Plaza del Altozano★★

Le pont de Triana débouche sur cette jolie place où les *cantaores* de flamenco se réunissaient au XIXe s. Elle a conservé un certain cachet avec ses maisons ornées de *miradores* en fer forgé. On y croise les statues en bronze d'une Gitane et du fameux torero de Triana, Juan Belmonte, le regard tourné vers les arènes de la Maestranza.

'orte d'entrée de Triana, la ·lace dessert les quatre rues ›rincipales du quartier : San acinto la commerçante, Betis a fêtarde et les pieuses calles 'ureza et Castilla.

3 Calle Betis★★

Superbe point de vue sur la ville, a rue Betis (l'ancien nom du leuve Guadalquivir) est l'une les rues les plus pittoresques du juartier de Triana. De nombreux bars et restaurants longent e cours d'eau. Installez-vous ur l'une des terrasses au bord du fleuve et laissez-vous aller à contempler autrement e quartier de l'Arenal en face. Aussi agréable le jour que éerique la nuit lorsque le pont sabel II est illuminé et que la Torre del Oro se reflète dans les eaux du fleuve.

5 Capilla de los Marineros★★★

C. Pureza, 53
☎ 954 33 26 45
T. l. j. 10h-13h30 et 18h-20h30 (21h en été, f. dim. ap.-m. en août).

Cette petite chapelle du XVIIe s. abrite le *Christ de las Tres Caídas* ainsi que la fameuse *Vierge de la Esperanza de Triana*, qui se dispute avec la *Vierge de la Macarena* le cœur des Sévillans. Nombre d'habitants de Triana s'inclinent tous les jours avec dévotion devant leur Vierge adorée. On ne connaît pas l'auteur de cette belle statue au goût très baroque... Voilà qui ajoute au mystère de cette Vierge douloureuse.

4 Pour une pause pâtisserie : Manu Jara★★

La *dulcería* du Français Manu Jara s'est vite imposée comme la meilleure pâtisserie de Séville. Transformée dans les années 1930, la ravissante épicerie de 1873 a conservé ses étagères en bois, son vieux carrelage et ses azulejos de Triana. Dans les vitrines, des viennoiseries et d'exquises pâtisseries françaises ou sévillanes, macarons, choux, palmeras, *bollo de leche*, et pendant la Semana Santa, *pestiños* et *torrijas*. À emporter, les *trianitos*, feuilletés aux amandes et à l'orange inventés par Manu.

C. Pureza, 5 – ☎ 675 87 36 74 – www.manujara.com
Mar.-ven. 10h-14h et 17h-21h30, sam.-dim. 10h-21h30
Viennoiseries de 1 à 2,40 €.

6 Iglesia de Santa Ana★★★

G. Vásquez de Leca, 1
☎ 954 27 08 85
Lun.-sam. 11h-13h et 18h30-20h30, dim. 9h30-13h et 18h30-20h (sf lors des messes)
Visite guidée 10h30-13h : 1,50 € ; entrée libre 18h30-20h30
Voir « Pour en savoir plus » p. 49.

Alfonso X El Sabio (le Sage) consacra cette église à sainte Anne pour l'avoir guéri d'une maladie des yeux. Dans les premiers temps, elle fit office de cathédrale pour la ville. Aujourd'hui, elle est un lieu de pèlerinage pour les fidèles des confréries religieuses du quartier. Le grand autel est présidé par un magnifique retable Renaissance.

7 Museo de Carruajes★

Convento de los Remedios
Plaza de Cuba, 10
☎ 954 27 26 04
www.museodecarruajes.es
Lun.-jeu. 9h-14h et 17h-19h30, ven. 9h-14h (f. l'ap.-m. juin-août)
Entrée plein tarif : 3,60 €.

Voitures de cérémonie, de parade ou de voyage, carrosses, berlines, omnibus... ce musée de poche installé dans l'ancien couvent de los Remedios (XVIe s.) présente une quinzaine de voitures à chevaux *(coche de caballos)* des XVIIIe et XIXe s., des costumes de cocher et des pièces d'harnachement.

Triana, côté calle Castilla

Voir plan détachable C4-5/D4-5

Revivre les heures noires de l'Inquisition, parcourir les étals colorés du marché couvert, flâner sur les berges du Guadalquivir ou acheter des azulejos dans le quartier des potiers… autant de raisons d'explorer cette portion de Triana, piquetée d'anciennes maisons de voisinage et de petits bars de quartier authentiques. Dans les sages ruelles, désertes aux heures brûlantes, la ville prend des airs de village.

❶ Castillo de San Jorge★

Mercado de Triana
Plaza del Altozano, s/n
☎ 954 33 22 40
Lun.-ven. 9h-13h30 et 15h30-19h, sam.-dim. 10h-14h
Entrée libre (audioguide en français).

Il ne reste que des vestiges du château San Jorge, siège du redoutable tribunal de l'Inquisition de 1481 à 1785. Victimes accusées d'hérésie et de sorcellerie y furent emprisonnées. Nombreux sont ceux qui y moururent, à l'instar du sculpteur Torrigiano. Une exposition autour du site archéologique replonge dans le sombre passé du château et invite à une réflexion actuelle sur l'intolérance, le fanatisme, l'abus de pouvoir et la répression. La visite s'achève dans les allées bien plus joyeuses du marché couvert de Triana (p. 99) construit sur les ruines du *castillo*.

❷ Callejón de la Inquisición★

Plaza del Callao.

En direction du fleuve se profile l'arche du redouté callejón de la Inquisición par lequel les personnes soupçonnées d'hérésie étaient conduites au Castillo de San Jorge. On le franchit aujourd'hui en toute sérénité pour accéder au paseo de Nuestra Señora de la O, longue promenade le long du fleuve où s'installe chaque

week-end un petit marché d'art (voir Paseo del Arte p. 99) et où niche le café culturel Espacio Pescao Crudo (p. 121).

3 Le quartier des potiers et de la céramique★

Triana est réputée pour sa céramique depuis l'époque romaine. Si la plupart des fabriques ont fermé ou migré en périphérie de la ville, on peut encore admirer les façades d'azulejos des fabriques historiques : Santa Ana (c. San Jorge, 31 ; un musée de la céramique doit y être inauguré), Santa Isabel (c. Antillano Campos, 9), Montalbán (c. Alfarería, 23). Cerámica Beatriz (p. 95), le dernier atelier de Triana, et A. González (p. 94) se distinguent des boutiques à touristes remplies de pièces industrielles.

4 Casa de las Flores★

C. Castilla, 16.

Le long de la calle Castilla, vous trouverez plusieurs *corrales de vecinos*. Littéralement « basse-cour de voisins », ces maisons de voisinage emblématiques de la Séville d'antan étaient composées de grandes galeries avec des chambres donnant sur un énorme patio. Cette cour était un endroit de vie commune dans lequel les voisins lavaient, cuisinaient… ou chantaient et dansaient lors de fêtes spontanées très gaies. Visible à travers la grille, la maison des Fleurs en est un bel exemple.

6 Pour une pause très olé : Sol y Sombra★

Affiches de corridas, lampions de la Feria et jambons suspendus, rien ne manque à cette taverne andalouse. Il faut s'installer dans la partie ancienne (au n° 151) pour l'ambiance taurine délicieusement rétro. Entre autres spécialités maison, les charcuteries de la sierra de Huelva, les œufs brouillés *(revueltos)* et le *solomillo al ajo* (viande à l'ail). Ici, pas de tapas, la cuisine est servie en *media ración* ou *ración*.

C. Castilla, 147 et 151 – ☎ 954 33 39 35
www.tavernasolysombra.com
T. l. j. 13h-16h30 et 20h30-minuit
***Media ración* à partir de 6 €, *ración* de 8 à 17,50 €.**

5 Iglesia Nuestra Señora de la O★★

C. Castilla, 28
☎ 954 33 44 85
T. l. j. sf lun. matin 10h-13h et 18h-20h (20h30 ven.).

Vous reconnaîtrez cette église baroque à son clocher aux couleurs ocre et à ses azulejos bleus. Construite en 1697, elle abrite un retable orné de l'image de la Vierge éponyme, et un groupe représentant sainte Anne, saint Joachim et la Vierge à l'Enfant, réalisé par Pedro Roldán. Le *Christ nazaréen*, du même sculpteur, possède une belle croix en écaille, cadeau, selon la légende, de marins sauvés du naufrage.

7 Capilla del Cachorro★

C. Castilla, 182
☎ 954 33 33 41
Lun.-sam. 10h30-13h30 et 18h-21h, dim. 10h30-13h30.

Plus connue sous le nom de Capilla del Cachorro, la Basílica del Cristo de la Expiración abrite l'une des plus belles sculptures du baroque sévillan : le *Cristo del Cachorro*, mythique à Séville. Elle dispute la dévotion des Sévillans au *Cristo del Gran Poder* (p. 29). Le sculpteur s'est inspiré de l'expression d'un Gitan moribond appelé *El Cachorro*…

Santa Justa et Santa Rufina

Originaires de Triana, les saintes patronnes de Séville vécurent et travaillèrent au IIIe s. dans le quartier des potiers. Refusant d'honorer Vénus, les deux sœurs furent martyrisées par les Romains, et Rufina fut décapitée. La tradition les présente comme les protectrices de la Giralda lors du tremblement de terre de 1755. Leur martyre a notamment inspiré les peintres Murillo, Goya, Velázquez et Zurbarán. De nombreuses peintures et statues à leur effigie sont visibles dans des églises de la ville, dont Santa Ana.

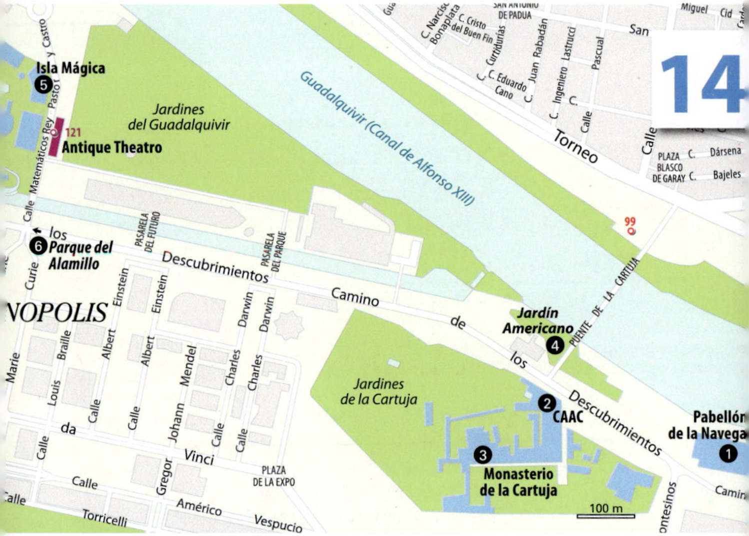

14

Voir plan détachable
A3-4/B4-5/C5

La Cartuja, de Colomb à l'Expo' 92

Du nom de la chartreuse qui s'y installa au XVe s., l'île de la Cartuja a accueilli l'Exposition universelle de 1992 avant d'entamer sa reconversion en parc scientifique et universitaire (Technopolis). Sur fond de longues avenues désertes et d'étranges friches futuristes livrées aux herbes folles, vous attendent un monastère toqué d'art contemporain, un parc d'attractions et des jardins exotiques ! Symbole du renouveau de l'île, la construction de la Torre Pelli (178 m) n'en finit pas de faire polémique…

❶ Pabellón de la Navegación★★★

Camino de los Descubrimientos, 2
☎ 954 04 31 11
www.pabellondelanavegacion.es
Mar.-sam. 11h-19h30 (20h30 mai-oct.), dim. 11h-15h ; f. 1er et 6 janv., Vendredi saint, 1er mai, 25 et 31 déc.
Entrée plein tarif : 4,90 €.

Au bord du Guadalquivir, le pavillon de la Navigation est un espace culturel ultramoderne, offrant un plongeon ludique et interactif dans l'aventure maritime, la conquête de l'Atlantique et les grandes découvertes (en anglais et en espagnol). Animations sonores et visuelles, objets à toucher, jeux vidéo sur grand écran pour cultiver ses qualités de pirate, on ne s'y ennuie pas ! La visite se termine par des expositions

[t]emporaires et l'ascension de la [t]our-mirador pour un panorama [à] 360° sur la ville.

2 Centro Andaluz de Arte Contemporáneo (CAAC)★★

[A]v. Américo Vespucio, 2, [o]u av. de los Descubrimientos, s/n
☎ 955 03 70 70
[w]ww.caac.es
[M]ar.-sam. 11h-21h, dim. [e]t certains j. f. 11h-15h
[E]ntrée plein tarif : 1,80 € (accès [a]u monument ou à l'exposition [s]eule) ; 3 € (visite complète) ; [G]ratuit mar.-jeu. 19h-21h et sam.

[C]entre culturel et galerie, le [C]AAC fait la promotion de [l]'art contemporain andalou [e]t international à travers une [c]ollection permanente et un [c]ycle d'expositions temporaires [p]résentées dans le cadre [e]xceptionnel du Monasterio de [l]a Cartuja. Le centre organise [é]galement des concerts, [r]écitals, projections de films, [r]encontres, ateliers, séminaires, [e]t il accueille chaque année le [f]estival pop Territorios (p. 4).

3 Monasterio de la Cartuja★★★

Coordonnées identiques à celles du Centro Andaluz de Arte Contemporáneo.

Lieu riche d'histoire, le monastère de la Chartreuse de Santa María de las Cuevas fut fondé en 1400. Christophe Colomb y prépara sa deuxième expédition, les troupes napoléoniennes le pillèrent en 1810 et l'Anglais Charles Pickman y installa sa fabrique de faïence en 1841 (les fours et les cheminées en brique sont toujours là !). À voir, la chapelle Sainte-Anne du XVIe s., l'église gothique, le superbe cloître mudéjar, les gisants de la salle capitulaire, le plafond sculpté du réfectoire et les jardins et vergers plantés d'orangers et d'oliviers.

4 Jardín Americano★★

Camino de los Descubrimientos
T. l. j. 8h-22h.

Aménagé pour l'Expo' 92, le Jardin américain est planté de quelque 300 espèces et spécimens rares en provenance des Amériques : jardin des palmiers, jardin des cactus... que complètent de belles pergolas, les cascades du jardin aquatique et l'agréable passerelle flottante sur le Guadalquivir. Exotique et dépaysant !

5 Isla Mágica★★

Isla de la Cartuja
Pabellón de España
☎ 902 16 17 16 (infos et résa)
www.islamagica.es
J. d'ouverture, horaires (11h-19h/23h) et tarifs (20-29 €) varient selon la saison (f. janv.-début avr.) ; résa à l'avance.

Place au divertissement dans ce parc d'attractions qui a pour thème la découverte de l'Amérique. Montagnes russes gigantesques (osez El Jaguar !), descente de rivières tropicales, piste de karts, chute libre à 60 km/h dans un minaret, bateau pirate, manèges pour enfants, jeux d'eau, cinémas à sensation et spectacles amuseront les petits comme les grands. Attention, selon la période, les attractions ne sont pas toutes forcément ouvertes.

6 Parque del Alamillo★★

Été : t. l. j. 8h-2h ;
hiver : t. l. j. 8h-20h.

Les 894 000 m^2 de ce parc en font le principal poumon vert de la ville. À travers un projet de reforestation et d'introduction de nouvelles espèces, ce parc veut montrer la grande diversité de l'écosystème méditerranéen. El Alamillo se préoccupe aussi des visiteurs, pour qui les activités les plus diverses sont organisées. Et bien sûr kiosques, buvettes, locations de vélos vous rendront la promenade encore plus agréable !

Les ponts de l´Exposition

L'Exposition universelle de 1992 a vu naître six nouveaux ponts sur le Guadalquivir. Ces ouvrages d'art modernes ont fait appel à l'époque aux plus grandes avancées techniques. Les plus impressionnants ? Le Puente del V Centenario pour sa hauteur et l'Alamillo, de Santiago Calatrava, le seul au monde soutenu par une seule pile !

Le tombeau de Christophe Colomb

Catedral

« Bâtissons une église si grande que ceux qui la verront nous prendront pour des fous », décidèrent les chrétiens en 1401 au moment d'abattre la Grande Mosquée. 126 m de long, 83 m de large et 37 m de haut… vous entrez dans la plus grande cathédrale gothique au monde, et la troisième cathédrale après Saint-Pierre de Rome et Saint-Paul de Londres.

La Capilla Mayor

Cette chapelle renferme l'une des œuvres religieuses les plus exceptionnelles : le retable gothique du maître-autel, conçu par Pierre Dancart en 1482. Ses 220 m^2 ont requis le savoir-faire des meilleurs sculpteurs jusqu'en 1564. Ses trente-six compartiments chargés de dorures et de sculptures relatent des scènes de l'Ancien Testament et de la vie du Christ.

Le mausolée de Colomb

À l'extrémité du transept, près de la Puerta de San Cristóbal, quatre porteurs des royaumes de Castille, León, Aragon et Navarre soutiennent la tombe de Christophe Colomb. Sa dépouille avait été ramenée de La Havane en 1898, à la fin de la domination espagnole.

La Capilla Real

Dans la riche Capilla Real, on vénère la *Virgen de los Reyes* (Vierge des rois), une icône gothique de l'école française qui aurait été donnée par Saint Louis, roi de France, à son cousin Ferdinand III, roi de Castille. Au pied de la Vierge, selon la légende, une urne en argent et en cristal conserve intact le corps de saint Ferdinand.

La Sala Capitular

Premier exemple connu de plan de sol elliptique (effet d'optique garanti !), la salle capitulaire, achevée par Hernán Ruiz Jiménez en 1592, constitue l'un des sommets de l'architecture maniériste espagnole. Les murs sont ornés de fresques et de bas-reliefs dessinés par Pacheco, et la coupole présente une série de peintures de Murillo, dont une magnifique Inmaculada Concepción. Inspiré de la place du Capitole de Michel-Ange à Rome, le dallage du sol accentue le jeu des perspectives.

> COORDONNÉES

Voir p. 10

Cathédrale
Plaza Virgen de los Reyes (entrée c. Fray Ceferino González – 17)
☎ 954 21 49 71 ou
☎ 954 56 33 21
www.catedraldesevilla.es
Lun. 11h-15h30 (9h30-14h30 juil.-août), mar.-sam. 11h-17h (9h30-16h juil.-août), dim. 14h30-18h (horaires variables selon calendrier religieux)
Entrée plein tarif : 8 € (couplée avec l'Iglesia del Salvador, p. 15), gratuit lun. 16h30-18h (15h30-17h juil.-août) sur résa (reservas@catedraldesevilla.es) ; toits 12 € (résa sur www.cubiertasdelacatedral.com) ; audioguide 3 €.

Real Alcázar

nitié par le calife Abd al-Rahman III en 913, hôte de a cour raffinée du roi poète Al-Mutamid au XIe s., héâtre d'intrigues et d'assassinats sous Pierre le ruel, écrin des noces de Charles Quint et d'Isabelle du ortugal (1526) ou acteur des expéditions de Colomb t Magellan, le plus ancien palais royal d'Europe est n joyau chargé d'histoire, déclaré Patrimoine de humanité par l'Unesco.

a Sala de Justicia et le Patio del Yeso

u Patio de la Montería, lieu de éunion pour la chasse royale, n accède à la salle de justice nudéjare édifiée par Alfonso XI près 1340, où Pierre Ier fit ssassiner son demi-frère adrique. Elle précède le délicat atio del Yeso, seul vestige du alais almohade du XIIe s.

La Casa de la Contratación

ondée en 1503 par les Rois atholiques pour contrôler e commerce des Indes, elle ccueillit Colomb de retour d'expédition et vit la préparation du tour du monde de Magellan. A voir, le retable de la Vierge des Navigateurs, première œuvre figurant Colomb et la découverte des Amériques.

Le Cuarto Real Alto

Moyennant un supplément, on peut visiter les appartements royaux situés au premier étage, résidence officielle de la famille royale à Séville et seule partie meublée du palais.

Le palais de Pierre Ier le Cruel

Si n'y apparaissaient pas des symboles chrétiens (armes de Castille y León, coquilles…), on croirait pénétrer dans un palais almohade ! Le roi chrétien fit appel aux meilleurs artistes musulmans de Grenade pour ciseler ce joyau mudéjar (1364-1366) tout en stucs et bois sculptés, arcs polylobés et mosaïques d'azulejos. Le Patio de las Doncellas (patio des Demoiselles) inspiré de la cour de l'Alhambra, la dentelle de stucs du Patio de las Muñecas (patio des Poupées) et la salle du trône (Salón de Embajadores) à l'impressionnante coupole sont de pures merveilles.

Les jardins

Dans les jardins rafraîchis de fontaines, ne manquez pas les bains de doña María de Padilla (favorite de Pierre Ier), un jardin d'été souterrain, la galerie du Grotesque dans le jardin des Dames, le labyrinthe de charmilles dans le Jardin anglais et le pavillon de Charles V dans le jardin du Prince.

> COORDONNÉES

Voir p. 11

Palais royal
Plaza del Triunfo, s/n
(entrée Puerta del León ; I7)
☎ 954 50 23 23
www.alcazarsevilla.org
Cuarto Real Alto : visite par groupe de 15 toutes les 30 min 10h-13h30 (4,50 €)
Visites nocturnes : ven.-sam. à partir de 21h avr.-sept. et de 19h30 mars et oct. (13 €)
Entrée plein tarif : 9,50 €, gratuit lun. 18h-19h (16h-17h oct.-mars).

Ayuntamiento

L'hôtel de ville (1527-1534) fut construit à l'initiative de Charles Quint lors de son mariage à Séville en 1526 avec Isabelle de Portugal. Diego de Riaño, l'un des introducteurs de la Renaissance à Séville, en a dessiné les plans et la superbe façade plateresque sur la plaza de San Francisco. Au XIXe s., le palais consistorial s'agrandit et reçoit une façade néoclassique lors de l'aménagement de la plaza Nueva.

La façade plateresque

La façade plaza de San Francisco est l'un des fleurons de l'art plateresque. Son décor finement sculpté rappelle le travail de l'orfèvrerie et fourmille de détails : créatures fantastiques, personnages historiques et mythologiques, grotesques, angelots, ornements fleuris, sans oublier l'écu renfermant la devise de la ville *NO&DO*.

L'Arquillo

Ce portail en forme d'arche, lui aussi magnifiquement ciselé, constituait jadis l'entrée principale de l'hôtel de ville. On y découvre des représentations d'Hercule, considéré comme le fondateur de la ville, et de Jules César, protecteur de la cité et fondateur de ses murailles.

La salle capitulaire

Pour profiter de la fraîcheur, le conseil municipal se réunissait en été dans cette salle grandiose et richement sculptée du rez-de-chaussée. Ceinturée d'une double volée de bancs en pierre, elle foisonne de symboles impériaux, guerriers et religieux. Son magnifique plafond à caissons renferme les statues de tous les monarques espagnols d'Alphonse III à Charles Quint.

Le premier étage

L'escalier coiffé d'une coupole sculptée d'Hernán Ruiz conduit à deux autres salles Renaissance : le salon San Fernando marqué des médaillons de Charles Quint et Isabelle de Portugal, et la salle capitulaire d'hiver riche de peintures de Valdés Leal. La visite se poursuit dans les salles d'apparat du XIXe s. avec l'ancienne salle à manger de gala tapissée des portraits des enfants illustres de Séville, et le salon des Bourbons et sa galerie de portraits royaux.

> COORDONNÉES

Voir p. 14

Hôtel de ville
Plaza Nueva, 1 (H7)
☎ 955 47 02 43
Visite guidée sur résa : http://oberonsaas.com/alcazarsevilla/visitacasaconsistorial
Lun.-jeu. 16h30 et 19h30 (4 €), sam. 10h (gratuit) ; f. Semaine sainte, 15 juil.-15 sept. et j. f.
Audioguide en français.

Iglesia del Salvador

Réalisée par plusieurs artistes dès 1679 et achevée par Leonardo de Figueroa en 1712, c'est la plus grande église après la cathédrale. Sa belle façade maniériste cache d'opulents retables baroques et les Vierges et christs de célèbres confréries sévillanes. Un décor tout en dorures qui ne laisse pas de marbre…

Le patio des Orangers

Le patio a conservé des éléments décoratifs romains et wisigoths ainsi que des vestiges de la mosquée d'Abdal-Rahman II (IXe s.), sur laquelle l'église fut édifiée. Malgré la reconquête chrétienne de Séville par les troupes de San Fernando III en 1248, la mosquée resta liée au culte musulman jusqu'en 1340, date de sa reconversion en paroisse del Salvador. Menaçant ruine, l'édifice fut démoli en 1671 pour laisser place à une église baroque conforme aux goûts de l'époque.

Les retables

Composé de trois nefs et de nombreuses chapelles, l'intérieur n'abrite pas moins de quatorze retables : au chevet, le retable majeur de Cayetano de Acosta (1770-1779) évoquant la Transfiguration du Christ fourmille d'anges et d'archanges. À voir également, les saintes patronnes de Séville Santa Justa et Santa Rufina protégeant la Giralda, ou le monumental retable de la *Virgen de las Aguas*.

Les confréries

Vieille de 450 ans, la Hermandad de la Pasión, dont l'activité est de fournir des repas aux pauvres, porte en procession le *Jésus de la Pasión* du sculpteur Juan Martínez Montañés et la *Virgen de la Merced,* visibles dans la Capilla Sacramental (accès par le patio). À voir dans la salle d'exposition, les éléments des *pasos* et l'immense manteau de la Vierge (sept hommes sont requis pour le déplacer !). La Hermandad del Amor porte quant à elle le *Cristo del Amor* (à droite du retable majeur), œuvre majeure de Juan de Mesa (1620). L'artiste a étudié de nombreux cadavres pour sculpter ce Christ souffrant, au réalisme saisissant.

> COORDONNÉES

Voir p. 15

Église du Sauveur
Plaza del Salvador
☎ 954 21 16 79
Lun.-sam. 11h-17h30 (10h-17h juil.-août), dim. 15h-19h
Entrée plein tarif : 4 € (ou ticket combiné avec la cathédrale 8 €).

Palacio de Lebrija

C'est en 1914, grâce à la comtesse de Lebrija, femme sensible et cultivée, que cette belle demeure du XVIe s. a retrouvé tout son cachet. Passées la grille en fer et la jolie porte d'acajou, on découvre l'une des plus belles collections de mosaïques et de véritables trésors archéologiques.

Le rez-de-chaussée

C'est là que vous pourrez admirer les fameuses mosaïques romaines faisant office de pavement. Celle du patio principal est d'une taille impressionnante et présente un excellent état de conservation. Les salles Medusa et Ganímedes recèlent des scènes représentant ces deux figures mythologiques. Pour apprécier les trésors rapportés d'Itálica par la comtesse, vous vous rendrez au salon Hermès. Finalement au *Cenador de Cristal,* charmante tonnelle donnant sur le jardin, se trouve un mur couvert de magnifiques azulejos du XVIe s. provenant du couvent de San Agustín.

L'escalier

On accède au premier étage par un somptueux escalier typiquement sévillan entièrement décoré d'azulejos des XVIe et XVIIe s. peints à Triana. La rampe d'escalier est en acajou, les marches sont en marbre, et si vous levez le nez, vous pourrez admirer un magnifique plafond *artesonado* (plafond à caissons).

Le premier étage

À l'étage, des œuvres d'art de toutes les époques sont combinées avec l'élégance et le style si personnel de la comtesse de Lebrija. Dans la salle à manger, vous resterez sans voix devant un extraordinaire plafond décoré d'assiettes en porcelaine. Quelques salles, comme le salon baroque, le salon arabe et le salon Empire, abritent des collections dédiées à ces époques spécifiques.

> COORDONNÉES

Voir p. 15

Palais de Lebrija
C. Cuna, 8 (C3)
☎ 954 22 78 02
www.palaciodelebrija.com
Lun.-ven. 10h30-19h30 (9h-15h juil.-août),
sam. 10h-14h et 16h-18h (10h-14h juil.-août),
dim. 10h-14h
Entrée plein tarif : 8 €.

Casa de Pilatos

e retour d'un pèlerinage en Terre sainte en 1521, on Fadrique, premier marquis de Tarifa, acheva construction d'un somptueux palais commencée uarante ans plus tôt par ses parents. Cette demeure ristocratique, bénéficiant de l'embellissement pporté par ses différents propriétaires, allait devenir symbole de la Renaissance à Séville, mais aussi un de ses plus beaux palais.

rigine d'un nom

e retour de Jérusalem, on Fadrique (1537-1583) nstaura un chemin de croix ntre son palais et l'église de Cruz del Campo, l'ancêtre es processions de la Semaine ainte. La distance aurait été même que celle qui séparait maison de Ponce Pilate du ont Golgotha, d'où son nom e « Casa de Pilatos ». Selon de ieilles traditions sévillanes, le alais était la copie du prétoire omain de Jérusalem.

e patio

émoignage du raffinement de art mudéjar, le patio intérieur st grandiose : ses galeries résentent d'élégants arcs en tuc, ciselés telle de la dentelle, et de somptueux azulejos du XVIe s. dont la richesse des motifs est remarquable. La cour accueille une fontaine et surtout un original grec d'Athéna du Ve s. av. J.-C.

Sculptures romaines

Le palais abrite aujourd'hui une belle collection de statues et de bustes romains. Les figures des empereurs romains, des écrivains latins et des personnages de la mythologie se succèdent tout au long du rez-de-chaussée et du patio.

De l'escalier aux collections

Un escalier seigneurial orné d'azulejos et coiffé d'une impressionnante coupole de bois doré (en demi-orange) conduit au premier étage. Des salles richement décorées vous feront découvrir différentes merveilles : des porcelaines chinoises, des éléments décoratifs mudéjars ou même une fresque peinte par Pacheco. À l'étage, vous trouverez également une collection de peintures des écoles italienne et flamande ainsi qu'un original de Goya représentant une *plaza de toros*.

> COORDONNÉES

Voir p. 18

Maison de Ponce Pilate
Plaza de Pilatos, 1 (C2)
☎ 954 22 52 98
www.fundacion medinaceli.org
T. l. j. 9h-19h (18h nov.-mars) ; visites guidées du 1er étage 10h-18h30 (17h30 en hiver)
Entrée plein tarif avec audioguide : 8 € (6 € rez-de-chaussée seul), gratuit mer. 15h-18h30 pour les ressortissants de l'UE.

Real Maestranza

Haut lieu de la tauromachie – symbole de Séville –, les arènes de la Maestranza appartiennent à la Real Maestranza de Caballería de Sevilla, une corporation nobiliaire de haute tradition. Construit dans les années 1760, l'édifice a été restauré au XXe s. pour retrouver toute sa splendeur.

La *plaza de toros*

Spécificité des arènes de Séville, la piste sablée est légèrement ovoïde – probablement une erreur de calcul liée à la durée des travaux (plus de 120 ans !). L'aire, entourée de trois séries de gradins, peut accueillir 13 800 spectateurs. Les places les plus chères sont les plus proches de la piste et à l'ombre *(sombra)*, et les moins chères les plus hautes au soleil *(sol)*.

La Puerta del Príncipe

C'est la porte principale (côté paseo Cristóbal Colón) que tout torero rêve de franchir. Pour en sortir triomphant, il devra obtenir trois trophées : trois oreilles ou deux oreilles et une queue. Côté piste, une seconde porte en fer forgée est surmontée par la loge de la famille royale, sculptée par Cayetano de Acosta en 1765.

Le Musée taurin

Sous les gradins, ce musée retrace l'histoire de la tauromachie en Espagne à travers une collection d'affiches, de costumes, de capes, de têtes de taureaux naturalisés, de portraits de toreros et de photos anciennes de la Real Maestranza.

La galerie de peinture

On y découvre gravures, lithographies, éventails peints, aquarelles et huiles des XVIIIe-XXe s. liés à l'univers taurin. À voir, la *Corrida à cheval* de J. Stradan (1578), première représentation connue de scène taurine, et les gravures de la collection Tauromaquia de Francisco de Goya.

La Capilla de los Toreros

Avant d'entrer dans l'arène, les toreros prient la Virgen de la Caridad. La chapelle, avec ses retables en céramique de Triana contient leurs ex-voto.

> COORDONNÉES

Voir p. 20

Arènes de la Maestranza
Paseo de Colón, 12 (D4)
☎ 954 22 45 77
www.realmaestranza.com
T. l. j. 9h30-19h (20h mai et oct., 23h juin-sept.), sf j. de corrida, visites jusqu'à 15h (excluant chapelle et écuries) ; visite guidée : 7 € (40 min, 3 par heure), entrée libre lun. 15h-19h ; corridas : de 20 à 150 € (dim. 18h30-19h).

-lospital de la Caridad

dèle à son origine, l'hôpital de la
narité accueille toujours des personnes
émunies en fin de vie dans un lieu où
out invite au repos du corps et de l'âme.
difiée au XVIIe s. et décorée par Juan
e Valdés Leal et Murillo, la chapelle
an José constitue le plus bel exemple
e baroque sévillan et une œuvre
rchitecturale majeure.

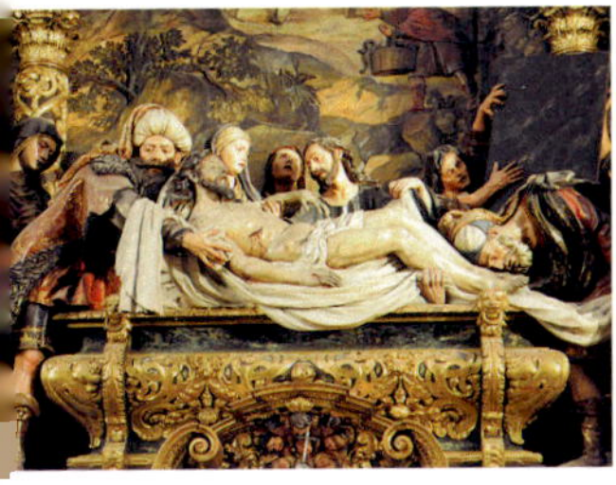

'aldés Leal : leçon e vie et de mort

a décoration de la chapelle
pond à un programme
onographique précis conçu
ar Miguel de Mañara, son
ndateur. Revenu d'une vie
issolue après la vision de
a propre mort, il décida de
iontrer la bonne voie. La
iapelle abrite deux tableaux
ès troublants de Valdés Leal.
u-dessus de l'entrée, le *Finis
loriae Mundi* révèle la victoire
e la mort sur la vie et la futilité
es biens matériels : un riche
rélat n'est plus que la proie
es vers dans son cercueil…
ur le mur opposé, *In Ictus Oculi*
st une lugubre allégorie de la
iort : un squelette, le pied posé
ur le monde, éteint de sa main
a lumière de la vie.

Chefs-d'œuvre de Murillo

Les tableaux de Murillo – *Saint Jean de Dieu transportant un malade* et *Sainte Isabelle de Hongrie soignant un teigneux* – renvoient à la fonction première de la confrérie : le soin aux malades. Du même Murillo, on admirera le *Moïse faisant jaillir l'eau du rocher* et la *Multiplication des pains et des poissons*, situés l'un en face de l'autre. Ou encore *L'Enfant Jésus* et *Saint Jean-Baptiste enfant*, tous deux d'une grande tendresse.

Retable et sculptures

L'église abrite aussi de belles sculptures baroques comme la *Vierge de la Charité*, *Saint Joseph*, l'*Ecce homo* ou le *Christ agenouillé*. Le retable principal est un joyau du baroque espagnol. C'est Bernardo Simón de Pineda qui en a réalisé la structure. Dorures et peintures sont l'œuvre de Valdés Leal, les sculptures celle de Pedro Roldán. Le groupe central représente la mise au tombeau, avec des personnages grandeur nature.

> COORDONNÉES

Voir p. 21

Hôpital de la Charité
C. Temprado, 3 (D3)
☎ 954 22 32 32
www.santa-caridad.es
Lun.-sam. 9h-13h
et 15h30-19h,
dim. et j. f. 9h-12h30
(sf lors des messes)
Entrée plein tarif (avec audioguide) : 5 €.

Real Fábrica de Tabacos

Importé d'Amérique en même temps que la pomme de terre et la tomate, le tabac connut un succès fulgurant en Europe. Une aubaine pour Séville et sa manufacture royale de tabac, aujourd'hui siège de l'université, qui a détenu le monopole de ce marché juteux jusqu'au XIXe s. Nombreux sont les voyageurs romantiques à avoir fait le pèlerinage dans la gigantesque fabrique bourdonnante des cigarières qui inspirèrent Carmen à Prosper Mérimée.

Un colosse de pierre

Plusieurs architectes et ingénieurs militaires dont Sébastien Van der Borcht ont participé à la construction de ce joyau d'architecture industrielle (1728-1771).

> COORDONNÉES

Voir p. 22

Manufacture royale de tabac
C. San Fernando, 4 (E3)
☎ 954 55 10 52 ou
☎ 954 55 11 23
Visite guidée gratuite lun.-jeu. à 11h sf en août (r.-v. dans le vestibule d'accès à l'Área de Relaciones Institucionales) ou ven.-sam. sur résa (http://institucional.us.es/vrelinstitu/tipo1)
Entrée libre.

À mi-chemin entre le palais néoclassique et l'ouvrage militaire, le gigantesque édifice (185 m x 147 m) s'articule autour de vastes patios à arcades distribuant les ateliers aux toits plats, les *azoteas* où l'on faisait sécher le tabac. Le portail principal rue San Fernando commémore la découverte du tabac dans le Nouveau Monde à travers les figures de Christophe Colomb, d'Hernán Cortés et d'un Indien fumant.

Les cigarières font un tabac

La fabrique fut d'abord spécialisée dans le tabac en poudre à priser ou à chiquer. Puis vint la mode du tabac à fumer. Avec la demande croissante de cigares, l'usine se féminise, les femmes étant jugées plus habiles dans leur confection. Au XIXe s., plus de 3 000 femmes issues des quartiers pauvres, entassées dans la chaleur et la poussière, s'employaient à rouler les feuilles de tabac sur leurs cuisses. Une condition difficile loin des clichés des récit de voyage du XIXe s. visant à émoustiller le lecteur bourgeois friand d'exotisme. La coquette ouvrière aux mœurs légères y es réduite, non sans connotation érotique, à la seule fonction de rouleuse de cigares...

La prison des contrebandiers

Pour se protéger de tout vol, la manufacture fut dotée d'un dispositif de sécurité comprenant 300 m de douves, une entrée à pont-levis et des guérites de surveillance. Sa prison, située à droite de l'entrée principale, servit jusqu'au XIXe s. à enfermer les employés qui tentaient de faire de la contrebande.

Parque de María Luisa

ntre parc à l'européenne et jardin riental, le parc María Luisa est la romenade préférée des Sévillans. œur de l'Exposition ibéro-américaine le 1929, on s'y rend pour sa végétation uxuriante, source de fraîcheur rare dans a ville, et pour ses trésors d'architecture. arfait pour les flâneries romantiques.

Jn parc historique

'tie des anciens jardins lu Palacio de San Telmo, e parc fut offert à la Ville n 1893 par l'infante María uisa, puis aménagé pour Exposition de 1929 par le aysagiste français Jean-Claude orestier, conservateur du bois e Boulogne. Inspiré par les ardins de l'Alhambra et du Real lcázar, il a ressuscité un jardin ypiquement hispanique baptisé ar la suite « néosévillan » ou néoarabe » : tonnelles et ergolas, monuments de grands écrivains espagnols (Cervantès, Bécquer…), fontaines et bassins (fontaine des Lions, étang des Lotus, îlot des Canards), son style a influencé tous les parcs espagnols créés dans le premier tiers du XXe s.

> COORDONNÉES

/oir p. 24
'arc María Luisa
v. María Luisa, s/n
. l. j. 8h-22h.

Places et pavillons de 1929

C'est à Aníbal González, architecte du site de l'Exposition, que l'on doit la monumentale place d'Espagne, les édifices majestueux de la place d'Amérique et les pavillons des pays invités. Pour découvrir ces pavillons (Pérou, Chili, Uruguay, Portugal, États-Unis, Maroc…), aujourd'hui sièges de bureaux municipaux, consulats ou écoles, longez les avenues del Cid, de Chile, de las Delicias et de la Palmera, et faites une pause au bar Citroën logé dans un ancien pavillon (Glorieta San Diego).

Calèche, barque ou rosalie ?

Si vous avez peu de temps, vous pourrez parcourir le parc en calèche pour une balade au charme rétro ; les cochers attendent plaza de España et plaza de América. Autre idée : une balade romantique en barque sur les canaux de la place d'Espagne (t. l. j. 10h-19h – 21h en été –, 5 € les 35 min). Les plus sportifs loueront une rosalie, une voiture à pédales pouvant accueillir quatre personnes (Cyclotour, av. Rodríguez Caso, www.cyclotour.es, t. l. j. 10h-20h30, 12 € les 30 min pour 2 pers.).

Museo de Bellas Artes

Ce prestigieux musée, logé dans l'ancien couvent de la Merced, mérite une longue visite. Derrière la façade représentant la Vierge de la Miséricorde, quatorze salles distribuées autour de trois cloîtres dévoilent la peinture espagnole du Moyen Âge au XXe s. avec une place de choix pour le baroque sévillan.

Murillo, Santa Justa y Santa Rufin

Le couvent de la Merced

Fondé par San Pietro Nolasco et construit de 1600 à 1612 par Juan de Oviedo, ce couvent fut aux XVIe-XVIIe s. l'un des plus illustres et des plus riches grâce aux dons des familles enrichies par le commerce des prisonniers et otages des pirates berbères.

Le rez-de-chaussée

Le rez-de-chaussée accueille les collections d'art médieval, Renaissance et maniériste. Salle I, une mise au tombeau de Pedro Millán illustre les débuts de la sculpture sévillane. Ne manquez pas, salle II, la statue de *San Jerónimo Penitente,* surprenante de réalisme, et l'*Annonciation* d'Alejo Fernández.

L'église

Vous accéderez à l'église par le cloître principal. Cette ancienne chapelle est surmontée d'une superbe coupole, décorée de la main de Domingo Martinez. Place aux œuvres spirituelles, en accord avec le lieu. Là sont regroupés les chefs-d'œuvre des artistes de l'école sévillane, caractéristiques du XVIIe s.

Le premier étage

Il consacre le mouvement baroque sévillan. Après avoir contemplé les plus belles Vierges de Murillo et les œuvres de ses disciples en salle VII, rendez-vous dans la salle VIII qui honore Juan de Valdés Leal et son cycle dédié à saint Jérôme.

Zurbarán

Consacrée à Zurbarán, la salle X expose la scène monumentale de *San Hugo en el Refectorio* et l'image de la protectrice *Virgen de las Cuevas* (Vierge des Grottes) réalisée en 1655. Admirez aussi dans la salle V le chef-d'œuvre du *Triomphe de saint Thomas d'Aquin* (1631) par Zurbarán.

> COORDONNÉES

Voir p. 30

Musée des Beaux-Arts
Plaza del Museo, 9 (C4)
☎ 955 54 29 42
www.museosde andalucia.es
16 juin-15 sept. : mar.-dim. et j. f. 10h-17h ; 16 sept.-15 juin : mar.-sam. 10h-20h30, dim. et j. f. 10h-17h
Entrée libre pour les ressortissants de l'UE.

Iglesia de Santa Ana

Cette église aux dimensions harmonieuses est considérée comme la cathédrale de Triana. Certainement l'église la plus ancienne de Séville, elle fut fondée par le roi Alfonso X le Sage dans les années 1260 en remerciement de la guérison de ses yeux. Elle fut par la suite remaniée de nombreuses fois.

Architecture extérieure

L'édifice a été bâti en pleine période de transition entre roman et gothique. La plus importante modification apportée au bâtiment est intervenue au moment de la restauration datant de 1755, à la suite du tremblement de terre de Lisbonne. La tour est un ajout postérieur à l'édifice original. Elle conserve dans sa partie inférieure des éléments mudéjars du XIVe s. Les deux parties supérieures sont ornées de céramiques bleues de la période Renaissance.

Les retables

La nef principale est présidée par un superbe retable Renaissance, œuvre de Nicolás Jurate et Nufro Ortega.
Le groupe sculpté central représente sainte Anne, la Vierge et l'Enfant. De part et d'autre se répartissent vingt-quatre panneaux datant de 1557, dus à différents auteurs. On y retrouve l'évocation des scènes de la vie de sainte Anne, de saint Joseph et de la Vierge. La chapelle principale abrite, parmi plusieurs retables d'intérêt, un relief en bois de saint Jérôme attribué à Torrigiano.

Quelques curiosités et chefs-d'œuvre

L'église abrite aussi le *Santo Cristo del Socorro,* d'Andrés de Ocampo, qui est porté en procession sous le vocable *Corpus Chico*. L'œuvre la plus curieuse est le tombeau de don Iñigo López, de 1503, attribué à Nicoloso Pisano et qui, selon la croyance populaire, garantit le mariage à la femme qui lui donne un petit coup de pied. On peut aussi admirer un impressionnant ostensoir en argent du XVIIe s., œuvre de Mateo Ximénes.

> COORDONNÉES

Voir p. 33

Église Sainte-Anne
G. Vásquez de Leca, 1 (D4)
☎ 954 27 08 85
Lun.-sam. 11h-13h et 18h30-20h30, dim. 9h30-13h et 18h30-20h sf lors des messes
Visite guidée 10h30-13h : 1,50 € ; entrée libre 18h30-20h30.

Isbiliya, la Séville musulmane

La longue présence des musulmans, de l'an 712 à 1248, a profondément marqué la ville. Vous ne remarquerez peut-être pas, ici ou là, les traces de son passé arabe, mais vous serez plongé dans une ambiance, un décor, un rythme de vie qui doivent beaucoup, sinon tout, à des siècles d'occupation et de cohabitation musulmanes. Aujourd'hui, Séville se réapproprie cet héritage longtemps occulté mais fondateur de la culture andalouse.

De l'antique Hispalis…

L'histoire de Séville est liée au Guadalquivir et à son activité de port fluvial. Tartessiens, Phéniciens, Grecs et Carthaginois l'intègrent à leur empire commercial. Conquise par les Romains en 206 av. J.-C. et rebaptisée Hispalis, elle est fortifiée par Jules César au Ier s. av. J.-C. Huile d'olive, blé, vin et métaux transitent par cette grande cité commerciale de Bétique (on en découvre les traces à l'Antiquarium, p. 17, et au Musée archéologique, p. 25). En 287, les Romains martyrisent Santa Justa et Santa Rufina, les futures patronnes de Séville (p. 35). Sous le règne des Wisigoths, Séville devient Spali

et connaît un rayonnement culturel et religieux avec l'évêque San Isidoro (565-636).

… à la conquête musulmane

L'an 712 marque le début de l'occupation par différentes ethnies (arabes, berbères…) de confession musulmane. Dans l'ombre de sa grande rivale Cordoue, où les Omeyyades établissent la capitale d'Al-Andalus, la ville rebaptisée Isbiliya connaît une prospérité économique et culturelle. La première grande mosquée est érigée au IXe s. (à l'emplacement de l'église du

Salvador, p. 15), puis l'Alcázar (p. 11) au Xe s. pour accueillir les gouverneurs cordouans. À la chute du califat de Cordoue en 1031, Isbiliya devient la capitale du plus puissant des Taifas (petits royaumes), où le roi poète abbadide Al-Mutamid entretient une cour raffinée. Les Almoravides s'emparent de Séville en 1091 avant d'en être chassés par les Almohades en 1147. Séville va alors connaître son âge d'or.

La splendeur de la Cour almohade

Proclamée capitale d'Al-Andalus, Isbiliya développe les arts et les sciences, bénéficie de nombreux embellissements et se voit dotée de la plupart des édifices que l'on peut encore admirer aujourd'hui. Le calife Yacoub Youssouf lance en 1172 la construction de la grande mosquée (remplacée par la cathédrale après la Reconquista) dont le minaret, l'actuelle Giralda, laisse imaginer les proportions. Le palais de l'Alcázar est agrandi (voir le Patio del Yeso, p. 39), des quais sont aménagés sur le Guadalquivir, et un puissant dispositif de murailles est mis en place. De l'enceinte en pisé, il reste la Torre del Oro, la Torre de la Plata (c. Santander) et des portions de remparts du côté de l'Alcázar et du barrio de la Macarena (p. 26).

Des défenses qui n'empêchent pas la reconquête de la ville par le roi de Castille Fernando III en 1248, marquant la fin de la domination musulmane à Séville.

Azulejos, patios et jardins

Outre le tracé labyrinthique des ruelles de Santa Cruz (l'ancienne Judería) typique des médinas, Séville doit aux Arabes ses azulejos (de l'arabe *azulayj*, « petite pierre »), carreaux de céramique émaillés et décoratifs qu'on retrouve partout dans la ville, ses pâtisseries au miel et à la cannelle, ses orangers, ses parfums de jasmin, ses patios rafraîchissants et ses jardins paysagers. Selon la tradition arabe, les jardins sévillans sont paisibles et reculés, propices à la réflexion et aux confidences : bassins, fontaines, chutes d'eau, canaux d'irrigation, céramiques, se mêlent à une végétation luxuriante et parfumée comme au Real Alcázar. Enfin, Aire de Sevilla (p. 13) perpétue la tradition des bains maures. Plus généralement, Al-Andalus a contribué à l'avancée des sciences (médecine, astronomie) et à la diffusion des idées (traduction des penseurs grecs) et des biens culturels les plus précieux : papier, boussole, chiffres arabes...

Des minarets convertis en clochers

De nombreuses églises sévillanes étaient à l'origine des mosquées. La Giralda ressemble comme une sœur jumelle aux minarets de Rabat (tour Hassan) et de Marrakech (la Koutoubia), autres fleurons de l'architecture almohade. Elle a inspiré d'autres tours, ornées d'arcs islamiques, comme celles des églises Santa Catalina, San Pedro (p. 19), San Marcos et Omnium Sanctorum, typiques de l'architecture mudéjare en vogue après la Reconquista (p. 56).

Séville, porte des Indes

La splendeur de Séville ne doit pas tout à l'héritage maure. La cité andalouse doit aussi sa physionomie à la conquête du Nouveau Monde : les grandes découvertes ont trouvé en Séville une alliée de confiance, un grenier pour leurs richesses. La confrontation entre le vieux et le nouveau continent a accéléré l'éclosion d'une ville nouvelle et cosmopolite, ouverte sur le monde...

Les grands découvreurs à Séville

L'Espagne des Rois Catholiques fut la seule à soutenir sans condition les explorateurs des XVe et XVIe s. Séville, située sur le Guadalquivir, porte vers l'océan Atlantique, était un lieu idéal d'échanges entre les terres fertiles d'Andalousie et les richesses du Nouveau Monde. En 1493, et pour son quatrième voyage, Christophe Colomb partit de Séville. Magellan, lors de son premier tour du monde, partit de Triana pour descendre le Guadalquivir jusqu'à Sanlúcar, port sur l'Océan. Amerigo Vespucci lui aussi fut un Sévillan d'adoption et travailla longtemps pour une maison de commerce de la ville.

García Ibañez, Entrevista de Colón con los Reyes Católicos en Barcelona

Les trésors du Nouveau Monde

L'aventure des grandes découvertes a été en grande partie motivée par la volonté de partir sur les traces d'une nouvelle route des épices. Les navigateurs ne s'attendaient peut-être pas à rapporter chez eux autant de richesses inconnues : au cours des siècles, pommes de terre, maïs, café ou chocolat, entre autres, ont profondément transformé le régime alimentaire européen. Surtout, les Européens découvrirent aux Amériques des mines d'or et d'argent. Ces métaux étaient conservés en Espagne sous forme de lingots, en attente d'être fondus puis frappés à la Casa de la Moneda de Séville.

Magellan

Grandeur…

Séville reçut vite le monopole du commerce entre l'Ancien et le Nouveau Monde. Elle était seule chargée d'affréter les *armadas* en partance pour les colonies et de les accueillir à leur retour. Les caravelles, légères et maniables, et les galions permettaient de transporter avec efficacité les tonnes de produits en provenance des Amériques. La création en 1503 de la Casa de Contratación (chambre de commerce) permit à Séville de gérer au mieux tous ces échanges. Séville attira alors une société cosmopolite constituée de commerçants, de banquiers, d'artistes de l'Europe entière qui contribuèrent tous à la renaissance économique et culturelle de la ville.

… et décadence

Dès la seconde moitié du XVIIe s., Séville connut un déclin économique dont elle ne se releva jamais. L'Espagne tout entière, empêtrée dans de

Caravelle de Christophe Colomb

graves problèmes politiques, avait entraîné dans sa chute une ville promise à un bel avenir. Le Guadalquivir, fleuve fétiche de Séville, contribua lui aussi à sa perte autant qu'il avait appuyé son expansion : l'ensablement de ses eaux compromit en effet toute chance de poursuivre des activités commerciales efficaces. En 1717, la Casa de Contratación fut déplacée à Cadix : la fin d'un symbole.

La Séville des découvertes

Marchez sur les pas de Colomb au **monastère de la Cartuja** (il y prépara ses expéditions) et découvrez son mausolée dans la **cathédrale.** Vous rêvez d'aventure maritime ? Cap sur le **Pabellón de la Navegación,** le **Musée naval** de la **Torre del Oro,** où transitaient les richesses du Nouveau Monde, ou l'**Hospital de las Cinco Llagas,** où l'on soignait les marins. Pour en savoir plus sur les relations entre l'Espagne et les colonies d'Amérique, observez de près une portion des 9 km des **Archives des Indes** réunies dans l'ancienne Casa Lonja à la demande de Carlos III. Le tabac d'Amérique était transformé en cigares à la **Real Fábrica de Tabacos,** devenue université, et les navigateurs étaient formés au **Palacio de San Telmo.**

L'Expo' 92

L'Exposition universelle de 1992 avait pour thème l'« Ère des découvertes » et Séville pour terre d'accueil. L'anniversaire du 5e centenaire de la découverte du Nouveau Monde ne pouvait trouver de meilleur hôte. De même que l'époque de la colonisation avait constitué une chance d'ouverture et de modernisation, l'Expo' 92 a apporté à Séville une réputation mondiale contribuant à la croissance économique de la ville et de sa région. Ce fut l'occasion de construire l'AVE – le TGV espagnol – un nouvel aéroport, de nouvelles autoroutes… La belle Sévillane a pu ainsi dévoiler toutes ses richesses.

Zurbarán, Murillo, Valdés Leal, génies du baroque sévillar

Avec Madrid, l'école de peinture de Séville fut l'une des plus brillantes du Siècle d'or (XVIIe s.). Dans la riche métropole dopée par le commerce avec le Nouveau Monde, les édifices religieux se multiplient, la vie artistique foisonne et l'art baroque se met au service de la Contre-Réforme. Bien représentés au Museo de Bellas Artes, les grands artistes sévillans ont aussi laissé des chefs-d'œuvre poignants dans les couvents et églises de la ville.

L'école de Séville

La florissante Séville du XVIe s. attire de nombreux artistes européens en quête de célébrité. Les peintres du nord de l'Europe troquent leur nom d'origine pour des sonorités plus locales et créent des ateliers où se diffuse le style flamand. L'Allemand Alejo Fernández (1475-1545), auteur de *La Vierge des Navigateurs* de l'Alcázar et fondateur de l'école de Séville, introduit le maniérisme italien. À l'orée du XVIIe s., Juan de Roelas (1560-1625) et Francisco Pacheco (1564-1654) annoncent la transition vers le baroque.

Velázquez, le royal

Le grand peintre du Siècle d'or est sans conteste Diego Velázquez (1599-1660). Né et formé à Séville, il fut l'élève de Francisco Herrera, puis de Pacheco, son futur beau-père. Influencé par le colorisme du premier et par l'approche naturaliste du second, il développe sa technique du clair-obscur en peignant natures mortes, scènes de genre et sujets religieux. En 1623, il s'installe à Madrid, où il devient peintre officiel à la cour d'Espagne. Il y signe son chef-d'œuvre, *Les Ménines*.

Zurbarán, le mystique

Originaire d'Estrémadure, Francisco de Zurbarán (1598-1664) a beaucoup travaillé à Séville, notamment pour les couvents de la Merced, San Pablo et la Cartuja. Lors d'un apprentissage dans un atelier sévillan, il se lie d'amitié avec Velázquez. Ne manquez pas le Christ en croix dans la cathédrale et la sublime crucifixion au musée des Beaux-Arts. Le « Caravage espagnol », peintre des moines et des natures mortes, tomba peu à peu dans l'oubli, victime de la crise économique et de l'arrivée d'un jeune prodige nommé Murillo…

Murillo, le prolifique

Bartolomé Esteban Murillo (1618-1682) fut le peintre le plus célèbre de son époque. De son monument plaza del Museo au Museo de Bellas Artes, de la cathédrale à l'Hospital de la Caridad, de la calle Santa Teresa où il vécut à la plaza Santa Cruz où il est enterré, partout ses œuvres s'exposent. Car Murillo n'a jamais renié sa ville d'origine ! Influencé par la peinture vénitienne et flamande, par Zurbarán et Velázquez, il a signé une multitude d'œuvres religieuses (Immaculées Conceptions, Vierges à l'Enfant, saintes Familles…) et de peintures de genre (enfants des rues, portraits…). Il meurt à la suite d'une chute d'un échafaudage.

Valdés Leal, le tourmenté

Dernier grand représentant du baroque sévillan, Juan de Valdés Leal (1622-1690) a laissé une production abondante et variée, empreinte d'un baroque noir. Ses chefs-d'œuvre

sur les représentations de la mort comptent parmi les plus dramatiques de l'histoire de l'art. Direction la cathédrale (p. 10) et l'Hospital de la Caridad (p. 21) pour découvrir ces peintures macabres ! Lucas, son fils et collaborateur, compta parmi les meilleurs fresquistes sévillans (Hospital de los Venerables, p. 12).

La sculpture sévillane

Dans le sillage de Pietro Torrigiano et de son *Saint Jérôme pénitent* (p. 48), les sculpteurs sévillans ont laissé une profusion de statues baroques en bois polychrome : saints, christs, Vierges de douleurs à l'expression et au réalisme saisissants, faisant encore l'objet d'une grande dévotion. Devant le *Jésus de la Pasión* (église du Salvador, p. 15) ou le *Cristo de la Clemencia* (cathédrale, p. 10), on comprend pourquoi Juan Martínez Montañés (1568-1649) a été surnommé *el dío de la madera* (le dieu du bois). On doit à son disciple Juan de Mesa (1583-1627) le fameux *Jesús del Gran Poder* (p. 29). À voir également, la *Mise au tombeau* de Pedro Roldán (1624-1700) à l'Hospital de la Caridad (p. 21). Quant à l'auteur de la *Vierge de la Macarena* (p. 27), la plus belle *dolorosa* d'Andalousie, son identité reste un mystère…

Un melting-pot architectural

Architecture monumentale ou petits bijoux incrustés dans le secret des ruelles, la capitale andalouse a décidé de vous en mettre plein les yeux. Nostalgique, parfois avant-gardiste, flamboyante ou romantique : son éclectisme architectural reflète un passé riche d'échanges et vous embarque tour à tour dans un palais mauresque ou un coin d'Amérique du Sud. Pas étonnant que nombre de ses édifices soient inscrits au Patrimoine mondial de l'Unesco !

Palais mudéjars

Malgré la Reconquista, l'art musulman se perpétue à Séville à travers l'art mudéjar. Signifiant « soumis », le terme « mudéjar » s'appliquait aux musulmans autorisés à rester sur le territoire. Cet art raffiné et propre à l'Espagne est né des artisans musulmans sollicités par les princes chrétiens du XIVe s. pour décorer leurs palais et leurs églises. Le Palacio Pedro Ier au Real Alcázar (p. 39) a tout d'un palais almohade : dentelles de stucs, géométrie d'azulejos, arcs en fer à cheval, *sebkas* (arcs entrecroisés formant des losanges comme sur la Giralda). La Casa de Pilatos (p. 18) témoigne de cette survivance artistique à la Renaissance.

Du gothique à la Renaissance

Vaisseau de pierre spectaculaire, la Catedral de Santa María de la Sede marque l'apogée du gothique à Séville. Sous l'impulsion de Charles Quint qui se marie à Séville en 1526, Diego de Riaño introduit la Renaissance avec l'Ayuntamiento (p. 14), joyau d'art plateresque dont l'ornementation légère rappelle le travail de l'orfèvrerie. Plus austère, le style herrerien (fin XVIe s.), du nom de Juan de Herrera, architecte de la Casa Lonja (Archivo de Indias), abandonne les ornements.

ièvre baroque

il y a un style qui domine ous les autres à Séville, c'est baroque. Au Siècle d'or, la ille se couvre de couvents et 'églises ruisselantes de dorures t d'opulents retables grâce à or des Amériques : Hospital e la Caridad (p. 21), Iglesia el Salvador (p. 15), Iglesia de an Luis (p. 27), couvent de

Merced (Museo de Bellas rtes, p. 30). Et lorsque le éisme de Lisbonne (1755) rovoque la destruction de ombreux édifices sévillans palacio gótico d'Alfonso X au eal Alcázar, église de Santa na, p. 33), on s'empresse de s reconstruire dans le goût aroque. D'importants chantiers narquent le XVIIIe s. telles la abrique royale de tabac (p. 22) u les arènes de la Maestranza o. 20). Pour découvrir le style hurrigueresque, forme la plus xtravagante du baroque, faut voir le portail du alacio de San Telmo (p. 23). ujourd'hui, Séville n'a rien erdu de son goût ostentatoire, suffit de voir le déploiement aroque de la Semaine sainte !

'œuvre d'Aníbal onzález

e Sévillan Aníbal González 1876-1929), grand architecte e l'Expo ibéro-américaine de 1929, a marqué Séville de son empreinte. De ses premières œuvres modernistes, il ne reste hélas que peu d'illustrations. Sacrifiant à la vogue du « néo », le génial architecte a livré les plus belles réalisations de style régionaliste andalou : plaza de España (p. 24) toute de brique et de céramique, pavillons néogothique, néomudéjar et néoplateresque de la plaza de América (p. 25), chapelle del Carmen... Urbaniste, il a aussi contribué à redessiner la ville (avenida de la Constitución et ses immeubles régionalistes).

Archi design

Il faut attendre la fin du XXe s. pour que Séville connaisse un nouvel élan de modernité avec l'édification des ponts et pavillons futuristes de l'Expo' 92 sur la Cartuja (p. 36). Inaugurée en 2011, l'architecture-sculpture Metropol Parasol

(p. 16) de Jürgen Mayer est le bâtiment icône de la Séville du XXIe s. ! Malgré la polémique, les Sévillans ont fini par s'approprier ces drôles de champignons *(las Setas)* de 28 m. Décriée aussi, la nouvelle Torre Pelli, immense gratte-ciel de béton et de verre planté sur la Cartuja, qui paraît bien démesuré dans une ville aussi résolument plate...

Des curiosités dans les *calles*

Panneaux d'azulejos éclatants de Vierges larmoyantes, réverbères rétro, miradors en fer forgé, patios fleuris... Ouvrez grand les yeux, les ruelles de Séville fourmillent de petits bijoux cachés ! Les colonnes d'un temple romain surgissent calle Mármoles, la tête du roi Don Pedro s'affiche sur une façade de la calle Cabeza del Rey don Pedro (le Cruel l'aurait commandée pour expier un crime...) et une petite tour musulmane, la tour Abdelaziz (1180), est encastrée à l'angle de l'avenida de la Constitución et de Santo Tomás.

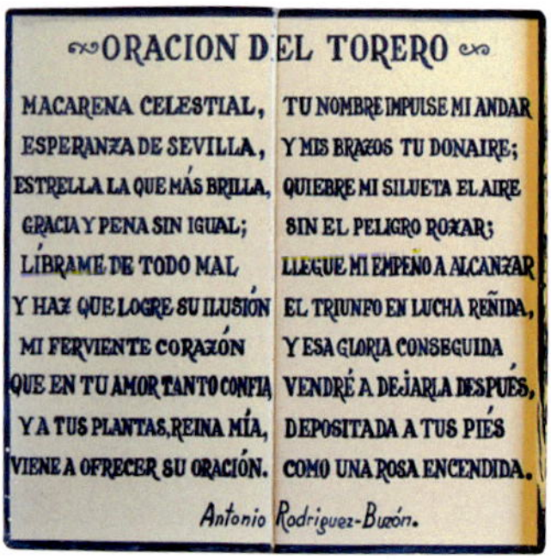

La cathédrale de la tauromachie

Héritière d'une longue tradition taurine et berceau de grands toreros, Séville est l'un des hauts lieux de la tauromachie espagnole et internationale. Sa *plaza de toros*, l'une des plus anciennes au monde, a accueilli nombre de toreros légendaires et de spectateurs célèbres, d'Orson Welles à Grace de Monaco. La corrida suscite toujours un enthousiasme populaire à Séville, où l'atmosphère électrique de la « cathédrale de la tauromachie » ne peut que vous saisir.

Une tradition ancienne

D'abord réservées à l'aristocratie pour célébrer de grands événements (victoires militaires, fêtes religieuses, mariages…), les corridas se déroulaient sur les places principales des villes, comme ici, à Séville, plaza de San Francisco (p. 14). Pendant la Reconquista, la noblesse y trouvait un moyen de s'entraîner contre l'envahisseur musulman (le taureau symbolisait l'ennemi). C'est à partir du XVIIIe s. que la corrida devient un sport codifié et qu'apparaissent les premières *plazas de toros* permanentes dont le plan s'inspire des cirque romains.

La *plaza de toros*

En 1730, Philippe V d'Espagne octroie le privilège d'organiser des corridas de taureaux à la corporation de la Real Maestranza. Une arène en bois rectangulaire est construite dan le quartier de l'Arenal, suivie d'une seconde en 1749 de forme

rculaire, pour que le taureau ne
ꞏ réfugie pas dans les coins...
ommencée en 1761, l'arène
ermanente (p. 20) ne sera
:hevée qu'en 1881 après moult
'cissitudes ! Aussi, les arènes
ꞏ Séville présentent-elles un
as unique de piste légèrement
vale, résultant de la lenteur
es travaux, et ont-elles la
articularité d'être noyées dans
ꞏ tissu urbain (seule la façade
u paseo de Colón est visible).

ꞏn drame n trois actes

a corrida débute par le *paseo,* éfilé en musique des *alguaciles* cheval (garants du règlement), es toreros dont les trois iatadores en habit de lumière *raje de luces)*, des *peones* iommes à pied), des *picadores* :avaliers) et des mules chargées ꞏ traîner les taureaux morts. ɔrs du premier *tercio,* toreros : *picadores* testent l'animal. u deuxième *tercio,* le torero et ɛs *banderilleros* plantent des anderilles pour insuffler du unch à la bête. Au troisième *rcio,* le torero épuise le taureau n effectuant des passes avec la ıuleta (étoffe rouge). Moment ꞏ plus attendu, la *faena* (le 'avail) se déroule en général u rythme des « Olé ! », mais Séville aucun bruit n'est erceptible pendant les fameux *silencios de la Maestranza* ». e torero devient matador ɔrsqu'il procède à la mise mort en portant l'estocade.

'riomphe ou *bronca*

ous les ovations du public, ꞏ torero victorieux reçoit les 'ophées (oreilles, queue) et ɔrt triomphant, porté par la ɔule, par la Puerta del Príncipe, ymbole de sa consécration e rêve de tous les toreros !). i le public est mécontent, le

torero doit essuyer les sifflets et les cris, c'est la *bronca*. Mais à Séville, c'est parfois par un silence méprisant que le public fait part de sa déception.

Les toreros sévillans

L'un des toreros les plus célèbres est Juan Belmonte (1892-1962), originaire du populaire quartier de Triana, dont la statue trône plaza del Altozano (p. 32). Ses passes artistiques de muleta et sa bravoure (il fut le premier à attendre immobile face à la charge du taureau) ont révolutionné l'art de toréer. Autre torero mythique, retraité en 2000, Curro Romero, habitué des triomphes et des *broncas,* a aussi sa statue devant les arènes.

Assister à une corrida

La saison de la Real Maestranza débute le dimanche de la Résurrection. Le plus grand nombre de corridas (entre 16 et 18) a lieu pendant la Feria de Abril : ce sont les *farolillos*. La fête du Corpus Christi (fin mai-début juin), la fête de la *Virgen de los Reyes* (15 août), la Feria de San Miguel (dernier week-end de septembre) et le jour de la Virgen del Pilar (12 octobre, clôture de la saison officielle) donnent également lieu à des corridas. Tous les dimanches de mai, juin et septembre, plus certains jours en juillet-août, on peut assister à des *novilladas* (apprentis toreros combattant de jeunes taureaux), moins chères que les corridas. Le ticket varie entre 20 et 150 € selon la place, au soleil ou à l'ombre (*sol* ou *sombra*), en haut ou en bas des gradins.

Infos et résa sur www.plazadetorosdelamaestranza.com

La Semaine sainte

Foisonnante d'églises, de monastères et de couvents, Séville est une cité profondément dévote dont la vie est rythmée par un grand nombre d'événements religieux. La ferveur catholique atteint des sommets lors de la Semana Santa, succession de processions lentes et spectaculaires commémorant la Passion du Christ et sa Résurrection, dont l'intensité et l'ambiance mystérieuse fascinent. À la lueur des cierges, pénitents encapuchonnés et femmes en deuil coiffées de mantilles hantent les rues qui résonnent de *saetas*, de cris et de pleurs…

Les confréries

Séville compte une soixantaine de confréries religieuses, appelées *cofradías* ou *hermandades*, dont les plus anciennes remontent aux XVe et XVIe s. Composées de laïcs d'un même quartier ou d'une paroisse, elles peuvent réunir plusieurs milliers de membres. Chaque congrégation possède sa Vierge ou son christ et se consacre tout au long de l'année à des œuvres de charité au culte catholique et à la préparation des processions de la Semaine sainte. Du dimanch des Rameaux au dimanche de l Résurrection, les confréries de pénitents défilent à tour de rôle illustrant chacune un épisode d la dernière semaine du Christ.

La *carrera oficial*

Selon un jour et une heure bien précis, chaque confrérie quitte son église *(salida)* pour effectuer le chemin de croix jusqu'à la cathédrale (les parcours durent entre 4 et 15 heures !). Fixé en 1604, le parcours officiel commun *(carrera oficial)* débute plaza de la Campana, passe calle Sierpes et plaza de San Francisco (où sont installées les tribunes officielles), puis traverse la cathédrale (dernière station de pénitence) avant le retour dans l'église de départ *(entrada)*. Po profiter au mieux du spectacle, on peut réserver un siège dans les tribunes de la *carrera oficial*. Comptez au minimum 65 € (forfait semaine), et jusqu'à plusieurs centaines d'euros pour les meilleures places. Autre option : louer un balcon.

Les processions

Au milieu des parfums d'encens, de la foule au visage grave et de la musique lugubre des *marchas*, les temps anciens semblent revivre. La croix ouvre le cortège inquiétant des pénitents porteurs de cierges *(nazarenos)* ou de croix *(penitentes)*, revêtus de tuniques et de cagoules à pointe *(capirote)*. Dans leur sillage, les *costaleros* (jusqu'à 50) portent les *pasos*, des autels mobiles d'une à deux tonnes accueillant les statues du Christ *(misterio)* et de la Vierge *(palio)* richement vêtues dans une profusion d'ornements baroques, de cierges et de fleurs. La marche éprouvante (à l'aveugle !) des porteurs, qui nécessite des pauses fréquentes, est rythmée par le *capataz* (maître de cérémonie). Lorsqu'une *saeta*, chant improvisé en l'honneur du Christ ou de la Vierge, retentit d'un balcon, un silence impressionnant se fait.

La Madrugá

L'activité processionnelle atteint son apogée dans la nuit du Jeudi au Vendredi saints avec le défilé des six confréries les plus célèbres : El Silencio, El Calvario, Jesús del Gran Poder (p. 29), la Macarena (p. 27), la Esperanza de Triana (p. 33) et Los Gitanos. À la sortie des deux Vierges les plus vénérées de Séville, la *Virgen de la Macarena* avec ses 3 000 *nazarenos* et la *Virgen de la Esperanza de Triana,* on frise l'hystérie collective ! Moment de pure émotion encore au passage de la confrérie des Gitans et à la sortie très attendue du *Cachorro* de Triana (p. 35) le Vendredi saint.

Un parfum de Semana Santa

D'autres fêtes donnent lieu à des processions : Las Cruces de Mayo, la fête du Corpus Christi, la *Virgen de los Reyes* (voir calendrier p. 4-5). Régalez-vous de *torrijas* et de *pestiños*, gourmandises de la Semaine sainte, à **La Campana** (p. 15). Pour l'ambiance, jouez les curieux dans les boutiques d'articles religieux (**Antigua Casa Rodríguez** et **Antigua Cerería del Salvador,** p. 106) ou dans les bars de confréries comme la **Casa Ricardo** (c. Hernán Cortès, 2, B3, ☎ 954 38 97 51, www.casaricardosevilla.com, mar.-sam. 13h-16h30 et 20h-0h30, dim. 13h-17h) ou le **Bar Santa Ana** (p. 120), envahis d'images de la Vierge et du Christ. Mais l'expérience la plus marquante sera de boire le *Sangre de Cristo* dans le décor kitsch de **Garlochi** (p. 117) !

Restaurants mode d'emploi

Où manger ?

Faire la tournée des **bars à tapas** est la meilleure façon de déjeuner ou de dîner à Séville. Vous pourrez ainsi goûter à une grande variété de mets dans une ambiance follement conviviale. Nouveau venu, le ***gastrobar*** est la tendance du moment : tapas élaborées et créatives à prix démocratiques ! On pourra aussi s'attabler dans une ***tasca*** (bistrot de quartier), une *taberna* ou un *restaurante*. Bière, poissons et fruits de mer sont au menu des *cervecería* (brasserie) et *marisquería*, et la *freiduría* est spécialisée dans les fritures.

En pratique

Le petit déjeuner se prend vers 8h, suivi d'un petit en-cas vers 11h. Les cuisines de Séville sont ouvertes de 13h à 16h et de 20h à 23h/minuit. En pratique, les **Espagnols déjeunent à partir de 14h, voire 15h, et dînent à partir de 21h30/22h.** Si vous êtes piégé par le rythme andalou, des bars sont ouverts sans interruption dans les quartiers les plus touristiques. Pour manger des tapas, il n'est bien sûr pas question de réserver. En revanche, pour certains restaurants, vous aurez tout intérêt à le faire, surtout le week-end.

L'addition

D'une manière générale, **le rapport qualité-prix est très bon.** Les tapas constituent l'option la plus économique, et les restaurants proposent pour la plupart un *menu del día* (entrée, plat, dessert) au déjeuner. Le pain et le couvert sont parfois facturés et l'eau est servie en bouteille. Le service est compris, mais les Espagnols ont l'habitude de laisser un **pourboire** (de 5 à 10 % de la note). Les cartes n'étant pas toujours acceptées, prévoyez des espèces. Vérifiez toujours l'addition, les erreurs ne sont pas rares.

SE REPÉRER

Nous avons indiqué pour chaque adresse de Restaurant sa localisation sur le plan général (B2, G8…). Pour un repérage plus facile, nous avons signalé sur le plan par un symbole jaune toutes les adresses de ce chapitre. Le numéro en jaune signale la page où elles sont décrites.

Notre Top des adresses pour manger sur le pouce

Cantines branchées, cafés bohèmes, troquets façon brocante ou fast-foods à la sévillane... des adresses charmantes pour déjeuner sans chichis et à petits prix !

- **Mangas Verdes**
  La Alfalfa – *Voir p. 67.*
- **La Cacharrería**
  La Alfalfa – *Voir p. 67.*
- **Sacramento**
  La Macarena – *Voir p. 27.*
- **Casa Paco**
  Alameda – *Voir p. 71.*
- **Nikkei Bar**
  Alameda – *Voir p. 71.*
- **Freiduría Puerta de la Carne**
  Santa Cruz – *Voir p. 66.*

Notre Top des bars à tapas

Tapas dans la plus pure tradition andalouse au comptoir d'un bar rétro ou tapas de gourmet à savourer dans un *gastrobar* branché, à vous de choisir !

GASTROBARS

- **La Brunilda**
  El Arenal – *Voir p. 69.*
- **La Azotea**
  Alameda et San Lorenzo – *Voir p. 71.*
- **Puratasca**
  Triana, côté calle Castilla – *Voir p. 73.*
- **Eslava**
  Alameda et San Lorenzo – *Voir p. 71.*

BARS TRADITIONNELS

- **Casa Morales**
  El Arenal – *Voir p. 69.*
- **Bar Estrella**
  Santa Cruz
  Voir p. 65.
- **Bar Europa**
  La Alfalfa – *Voir p. 67.*
- **Las Teresas**
  Santa Cruz
  Voir p. 13.
- **La Antigua Abacería**
  Triana,
  côté calle Betis
  Voir p. 73.

Notre Top des adresses pour le goûter

À l'heure du *paseo*, la promenade de fin d'après-midi, les Sévillans en goguette s'adonnent aux plaisirs de la *merienda* (goûter) au comptoir des *churrerías* (stands où l'on cueille de délicieux beignets sucrés !) et aux terrasses des nombreuses *pastelerías* (pâtisseries), *confíterias* (confiseries) et *heladerías* (glaciers) de la ville.

- **Les meilleures pâtisseries de la ville**
  Manu Jara – *Voir p. 33.*
- **Une « Grande Dame » de la Belle Époque**
  La Campana – *Voir p. 15.*
- **Des glaces 100 % sévillanes**
  La Fiorentina – *Voir p. 21.*
- **Un *chocolate con churros***
  Calentería – *Voir p. 65.*

Nos restaurants par quartiers

1 - La Cava del Europa
2 - Bar Estrella
3 - Horno San Buenaventura
4 - 20 Pasos Cafe Lounge

La cathédrale
Visite 1 – p. 10

Horno San Buenaventura

Av. de la Constitución, 16 (I7)
☎ 954 22 18 19
www.hornosanbuenaventura.es
T. l. j. 7h30-23h (1h ven.-sam.)
Pâtisseries de 0,90 à 3 €.

Le Four de San Buenaventura est une épicerie-cafétéria réputée de Séville qui fait aussi office de salon de thé. On peut y manger salé ou sucré à toute heure de la journée, du petit déjeuner au goûter (glaces, pâtisseries) en passant par les inévitables tapas.

20 Pasos Cafe Lounge

C. Alemanes, 25 (I7)
☎ 954 56 00 00
T. l. j. 12h-23h30
Glaces et jus de fruits à partir de 3 €.

Installé sur des sofas et protégé du soleil par des voilages : voilà un spot idéal pour goûter à l'animation du quartier de la cathédrale. Ce café chic et moderne propose cafés, thés, boissons fraîches, pâtisseries, glaces, sorbets, cocktails, champagne et sandwichs.

Bodeguita Casablanca

C. Adolfo Rodríguez Jurado, 12 (D3)
☎ 954 22 41 14
www.bodeguitacasablanca.com
Lun.-ven. 7h-17h et 20h-1h, sam. 12h30-17h30 (f. sam. en juil.) ; f. en août
Tapas 2,50 €, plat de 10 à 16 €.

En face des Archives des Indes, cette taverne typique et chic (mais décontractée) est une institution. Aux tables hautes

.e la terrasse ou dans la salle décorée de photos de corridas, une clientèle de 40 ans et plus, un brin sélecte, picore dans les tapas traditionnelles : *croquetas*, thon au vinaigre de framboise, tortilla au whisky, hamburger de *bacalao* au vin rouge...

Mesón Don Raimundo

. Argote de Molina, 26-28 (H7/I7)
☎ 954 22 33 55
www.mesondonraimundo.com
T. l. j. 12h30-16h
et 19h30-23h30
Menu dégustation 25 €,
à la carte 30-40 €.

Niché au fond d'une ruelle, cet ancien couvent du XIVe s. est doté d'un intérieur si riche de meubles anciens, de tapisseries et de tableaux qu'il ressemble à un véritable musée ! Un charme historique devenu légendaire, à l'instar de sa cave et de sa cuisine purement andalouse et mozarabe. Soucieux de conserver un art culinaire en perdition, Raimundo Fernández met à l'honneur des recettes anciennes, tombées dans l'oubli, des plats traditionnels de Séville, Huelva et Cadix !

Voir aussi **Cerveceria la Giralda** *(p. 11).*

Santa Cruz
Visite 2 – p. 12

Chocolate y Limón

C. Pasaje de Vila, 2 (I6)
☎ 955 51 36 35
T. l. j. 12h-minuit ; f. en hiver
Glaces de 2,50 à 3,80 €.

Cette petite échoppe aux couleurs de bonbon propose des glaces et pâtisseries artisanales à emporter. On peut y glaner quelques douceurs locales comme ces drôles de biscuits sévillans en forme de

chaussure ou de robe flamenca, un pot de confiture d'oranges de Santa Paula, du miel ou des *tortas de polvorón* de San Clemente.

Calentería

C. Cano y Cueto, 7C
(Puerta de la Carne, D2)
☎ 954 41 22 56
T. l. j. 7h-20h (15 juin-15 août ouv. slt le matin)
Churros 2,50 €.

Impossible de repartir sans avoir sacrifié au moins une fois au *chocolate con churros* ! Les effluves qui s'échappent de cette gargote spécialisée dans les fameux beignets à la forme cannelée attirent inévitablement les gourmands. Saupoudrés de sucre et croustillants, on les déguste avec les doigts au petit déjeuner ou au goûter. La madeleine de Proust pour bon nombre d'Espagnols !

La Cava del Europa

Puerta de la Carne, 6 (D2)
☎ 954 53 16 52
http://bareuropa.info/lacavadeleuropa
T. l. j. 12h-16h et 19h-minuit
Tapas de 2,60 à 7,50 €.

Le petit frère du Bar Europa (p. 67) joue la carte du bistrot moderne avec sa déco sobre en noir et blanc. Si le cadre est un peu plus impersonnel, la qualité dans l'assiette est bien au rendez-vous avec des tapas savoureuses et imaginatives. La carte est renouvelée chaque saison et la maison propose un grand choix de vins au verre, en bouteille ou à emporter.

Bar Estrella

C. Estrella, 3 (H6)
☎ 954 21 93 25
Lun.-jeu. 8h-minuit (cuisine 13h-16h30 et 20h-minuit),
ven.-dim. 13h-minuit en continu
Tapas de 3 à 4 €.

Ce petit bar de quartier est devenu avec le temps un endroit emblématique pour la dégustation de tapas. Situé en plein centre-ville, il est très fréquenté par les Sévillans connaissant les bonnes adresses. Avec le beau temps, une petite terrasse très agréable est installée le long d'une étroite ruelle à l'ambiance très animée. Laissez-vous tenter par les pâtés faits maison, les fritures de poisson ou les *croquetas de la casa*.

Vinería San Telmo

Paseo Catalina de Ribera, 4 (D2)
☎ 954 41 06 00
www.vineriasantelmo.com
T. l. j. 10h30-minuit (cuisine 13h-16h30 et 20h-23h30)
Tapas de 3 à 5 €, plats de 8,40 à 22 €, menu dégustation 22,50 €.

Ce **bistrot à vins** séduit aussi bien les Espagnols que les touristes avec sa carte de tapas variées et originales. Carpaccio de crevettes au sésame et réduction de soja, foie gras maison et cacahouètes caramélisées, panaché de bambou, spaghettis à l'encre de seiche, tartine au *salmorejo* et jambon cru… arrosés de vins espagnols confidentiels. Venez tôt, il y a foule !

Freiduría Puerta de la Carne

C. Santa María la Blanca, 36 (D2)
☎ 954 42 68 20
www.freiduriapuerta delacarne.com
T. l. j. 13h30-16h30 et 19h30-minuit
Prix au kg, portion 6,50 €.

Pescada, chipirones, calamares, croquetas : bienvenue au royaume de la friture ! Ouverte en 1929, cette ***freiduría* familiale, sorte de fast-food à l'andalouse,** est connue et appréciée de tous les Sévillans. Les aliments fraîchement frits sont servis en portions généreuses dans des cornets en papier à emporter ou à grignoter sur la terrasse. Idéal pour manger sur le pouce à prix mini !

Vinela

Plaza Doña Elvira, 4 (I6)
☎ 954 22 48 70
www.vinelasevilla.com
T. l. j. 11h-minuit
Tapas de 2,70 à 4,20 €, plats de 6 à 12,50 €.

Vinela est un **bar à tapas et à cocktails dans l'air du temps** donnant sur la plus jolie place de Santa Cruz. Le mobilier industriel aux couleurs pimpantes s'invite dans une vieille demeure aux murs de brique, et les tapas jouent la carte de la modernité : sucettes de fromage de chèvre et de confiture d'oranges, brochettes de gambas frites, sardines panées… Pour changer des établissements traditionnels.

Corral del Agua

C. del Agua, 6 (I6)
☎ 954 22 48 41
www.corraldelagua.es
Lun.-sam. 12h-16h et 20h-minuit, dim. 12h-16h
Menus 32, 34, 38 et 47 € (18 € midi).

Niché dans l'un des plus jolis recoins de Santa Cruz, à l'ombre des remparts de l'Alcázar, ce restaurant occupe un **ravissant patio-jardin verdoyant** où murmure une fontaine, offrant une fraîcheur appréciable en journée et un décor romantique à la nuit tombée. Gaspacho, boulettes, poulet aux amandes, daurade au « Tío Pepe »… la cuisine andalouse y est recherchée et délicieuse !

Voir aussi ***Las Teresas*** *(p. 13).*

El Centro
Visite 3 – p. 14

Blanco Cerillo

C. José de Velilla, 1 (G7)
☎ 954 35 10 08
T. l. j. 11h30-23h (pas de tapas entre 16h et 19h)
Tapas 2 € (1,80 € au comptoir), *media ración* 5,70 €, *ración* 9 €.

Mêlez-vous à la cohue à l'heure de l'*aperitivo* dans ce **bar à tapas ultra-populaire,** autant pour picorer des tapas à petit prix que pour goûter à ce concentré d'ambiance sévillane. Depuis 1926, la maison est spécialisée dans les fritures (calamars, poissons…), mais elle propose aussi tapas de fromage, de chorizo et tortilla. Jouer des bras et des coudes pour accéder au comptoir fait partie de l'expérience !

Ochoa

• C. Sierpes, 45 (G7)
☎ 954 22 82 23
• Av. de la República Argentina, 21 (E4)
☎ 954 27 64 17
T. l. j. 10h-21h
Pâtisseries dès 1,65 €.

Pâtisserie, confiserie, salon de thé et cafétéria, Ochoa est une vieille dame de Séville née en 1910. Dans une atmosphère désuète, on peut grignoter sur le pouce *medianoches* (petits pains fourrés au jambon et au beurre 1,40 €) et *empanadas* (friands), **toutes sortes de pâtisseries et gâteaux sévillans**, et des glaces artisanales.

Albarama

Plaza de San Francisco, 5 (H7)
☎ 954 22 97 84
www.restaurantealbarama.com
T. l. j. sf dim. soir 13h-16h et 20h-minuit
Plats autour de 12 €.

Face à l'Ayuntamiento, pas vraiment typique mais une bonne alternative (elles sont rares !) aux restaurants à touristes du quartier : **tapas élaborées, belle carte de vins et cadre contemporain.** Les tapas sont servies dans le bar (couloir un peu sombre) et les plats dans le patio couvert faisant office de restaurant. À deux pas, l'*aba-*

1 - *Bar Europa*
2 - *Freiduría Puerta de la Carne*
3 - *Vinela*
4 - *Albarama*

ería Puracepa est la version *astrobar*-épicerie d'Albarama.

Voir aussi ***La Campana*** *(p. 15).*

La Alfalfa et Encarnación-Regina
Visite 4 – p. 16

La Cacharrería

C. Regina, 14 AC (C3)
Lun.-ven. 8h30-14h30 et 17h30-21h30 (2h30 jeu.-ven.), sam. 10h-2h30
***Montaditos* 2,50 €.**

Le petit bar propose des *montaditos*, des petits pains ronds grillés garnis au fromage, au jambon, au *lomo* ou encore à la morue, servis avec des chips. Idéal pour couper les petites faims, on les grignote sur de vieilles machines à coudre Singer détournées en tables. Gâteaux et pâtisseries maison invitent au goûter, et mojitos et caïpirinhas à petit prix attirent les jeunes à l'heure de l'*aperitivo*.

Mangas Verdes

C. Jerónimo Hernández, 19 (C3)
☎ 618 62 61 65
Facebook : Mangas Verdes
Lun.-mer. 14h-20h, jeu.-ven. 14h-2h, sam.-dim. 12h-2h
Sandwich 5 €, jus de fruits 2 €.

On peut venir à toute heure chez Mangas Verdes, la cantine cool des branchés du coin qui répond quel que soit le moment à toutes les envies : petit déjeuner tardif pour les fêtards (*tostadas*, bols de céréales, jus de fruits frais de saison), déjeuner (burgers, sandwichs, salades, tapas), goûter (gâteaux maison, glaces, smoothies) ou cocktails.

Fargo

C. Pérez Galdós, 20 (G6)
☎ 955 27 65 52
Lun.-jeu. 20h-23h30, ven.-dim. 12h30-16h et 20h-23h30
Plats de 7 à 15 €.

À deux pas des boutiques branchées de Soho Benita, ce tout jeune restaurant bio ouvert par deux Français est le premier du genre à Séville. La slow food à base de produits frais, locaux et de saison est renouvelée chaque semaine (houmous aux aubergines, riz aux langoustines…). En prime, des desserts français et une sélection pointue de vins andalous et français, digestifs et bières artisanales. Ambiance paisible, assez rare à Séville, pour un repas zen.

Bar Europa

C. Siete Revueltas, 35 (H7)
☎ 954 21 79 08
www.bareuropa.info
T. l. j. 8h30-minuit
Tapas de 3 à 6,50 €.

Ce bar, ouvert depuis 1925, a été acquis et restauré par trois

1 - *Taberna Coloniales*
2 - *Casa Morales*
3 - *La Brunilda*
4 - *Abantal (p. 73)*

jeunes architectes. Ils proposent des petits déjeuners et des tapas à partir de 8h du matin. On peut les savourer à l'intérieur (agréable) ou sur la terrasse installée sur la plaza del Pan, avec vue sur l'église del Salvador. Toutes les tapas sont délicieuses, mais il faut surtout goûter le pâté de perdrix. N'hésitez pas à demander la *tapa* du jour.

Habanita

C. Golfo, 3 (H6)
☎ 606 71 64 56
www.habanita.es
T. l. j. sf dim. soir 12h30-16h30 et 20h-minuit ; f. pdt la Feria et 15 j. en juil.
Menu du jour 8 €, tapas de 2,30 à 4,20 €.

Décor exotique et atmosphère chaleureuse pour ce café qui vous enchante avec des spécialités méditerranéennes et caribéennes végétariennes et végétaliennes. Ses tapas accompagnées de boissons cubaines sont idéales pour combler les petits creux. Les gâteaux au chocolat maison sont délicieux…

Voir aussi ***Bar Alfalfa*** *(p. 17).*

San Bartolomé et Santa Catalina
Visite 5 – p. 18

Taberna Coloniales

Plaza Cristo de Burgos, 19 (G6)
☎ 954 50 11 37
www.tabernacoloniales.es
T. l. j. 13h30-16h15 et 20h30-minuit
Tapas de 1,85 à 3,55 €, *ración* de 6,80 à 12 €.

Décorée d'azulejos, cette petite taverne typique est généralement bondée, et mieux vaut arriver tôt pour avoir une table (pas de réservation). La cuisine andalouse est sans prétention mais les portions sont généreuses et les prix doux. À la carte différentes variétés de salades du porc ibérique à toutes les sauces (*solomillo al whisky, al Roquefort, a la Castellana…*), des poissons frits et toute une ribambelle de tapas.

Rayas

C. Almirante Apodaca, 1 (G6)
☎ 954 22 17 46
Lun.-ven. 15h-1h, sam.-dim. 13h-1h (2h ven.-sam. en août)
Glaces à partir de 2 €.

Ce glacier fait partie de ceux qui s'animent vers 17h30-18h après la sieste. Cette institution sévillane propose une grande variété de parfums à déguster n cornet ou en pot… à l'ombre les grands arbres de la plaza risto de Burgos voisine.

Taberna el Panduro

. Doña María Coronel, 17 (C2)
☎ 954 04 57 51
Mar.-sam. 12h30-17h et 0h30-1h, dim. 12h30-17h
apas de 2,80 à 4,50 €.

Une petite taverne de quartier quelques tables seulement) rchestrée par de jeunes évillans. À l'ardoise, de délicieuses tapas d'inspiration méditerranéenne renouvelées n fonction de l'humeur du uistot : *tataki* de thon, miniburger, gaspacho aux crevettes… t bons vins andalous au verre à artir de 3 €.

Voir aussi ***El Rinconcillo*** *(p. 19).*

El Arenal
Visite 6 – p. 20

Yogurtlandia

. Jimios, 25 (I7)
☎ 657 03 89 85
www.yogurtlandia.es
un.-mer. 13h30-minuit, jeu.-sam. 3h30-1h, dim. 13h30-0h30
laces de 2,50 à 3,50 €.

Plus saines et plus légères que es glaces traditionnelles, les glaces au yaourt se déclinent dans de multiples parfums que l'on saupoudre de chocolat blanc, de meringue, de marties, de noix ou de muesli. es combinaisons sont infinies ! Mais aussi crêpes, gaufres, *granizados,* chocolats chauds et boissons fraîches.

La Brunilda

C. Galera, 5 (H8)
☎ 954 22 04 81
Mar.-dim. midi 13h-16h et 20h30-23h
Tapas de 3 à 6 €, plats de 8 à 11 €.

Le chef Diego Caminos et l'œnologue Esperanza sont aux commandes de ce charmant *gastrobar* logé dans une maison du XVIIIe s. Attendez-vous à faire la queue pour déguster leurs tapas, aussi délicieuses qu'audacieuses et que d'aucuns considèrent comme les meilleures de la ville. Miniburger dans un bun brioché fondant à souhait, minisalades et sucettes de langoustines sont à croquer !

Casa Morales

C. García de Vinuesa, 11 (I7)
☎ 954 22 12 42
Lun.-sam. 12h-16h et 20h-minuit
***Montaditos* 2 €.**

Impossible de ne pas succomber au charme rétro de cette institution sévillane… aux mains de la même famille depuis 1850 ! Au milieu des jarres en terre cuite où l'on stockait jadis le vin de la maison, vous grignoterez dans un joyeux brouhaha des tapas classiques et de remarquables *montaditos* arrosés du fameux *tinto de Morales.* Authentique, emblématique, bref, incontournable !

Abacería del Postigo

C. Tomás de Ybarra, 4 (I7)
☎ 615 36 72 71
Lun.-sam. 7h30-17h et 20h30-1h
Tapas de 2 à 5 €.

Vous aimez goûter des vins espagnols ? Alors passez par ce petit bar populaire et sans fard, et accompagnez vos fromages, charcuterie et tapas des vins de Rioja, Ribera del Duero ou Somontano. La sélection de tapas varie en fonction du marché du jour. Laissez-vous tenter par les entrecôtes de *novillo* ou le *lomo a la mozárabe.*

La Esquinita de Arfe

C. Arfe, 26 (I7)
☎ 954 22 19 13
T. l. j. 8h-23h30
Tapas 2,50 €, menu du jour 9 €.

Pour un peu d'intimité, vous pouvez aller – mais ne le dites pas à tout le monde ! – dans ce petit restaurant familial fréquenté par les gens du quartier. Pour le déjeuner, un menu du jour est proposé à un prix exceptionnel et, une fois par semaine, on vous concocte un petit plat très spécial. Tout est fait maison.

La Bulla

C. Dos de Mayo, 26 (I8)
☎ 954 21 92 62
http://barlabulla.com
T. l. j. 12h-16h30 et 20h-minuit
Tapas de 3,90 à 15 €.

N'hésitez pas à faire un saut dans ce bistrot branché et coloré avec sa grande cuisine ouverte, ses meubles rétro dépareillés et ses abat-jour géants. On y déguste, à des tables individuelles ou communes, de succulentes tapas pour le moins originales. Tentez les *trompetas de langostiños* ou l'incontournable burger Bulla (un régal !).

Mesón 5 Jotas

C. Castelar, 1 (I8)
☎ 954 21 07 63
www.restaurantescincojotas.com
T. l. j. 9h-minuit (1h ven.-sam.)
Tapas au comptoir de 3 à 5 €, *ración* de 10 à 20 €.

1 - Oriza
2 - El ConTenedore
3 - Oriza
4 - Eslava

Vous voulez acheter du bon jambon ibérique et être sûr de ne pas vous tromper ? Faites confiance à cette enseigne spécialisée. Les prix sont élevés, mais la qualité est excellente. Et si vous hésitez, vous pouvez toujours le goûter sur place, vous serez convaincu.

Taberna del Alabardero

C. Zaragoza, 20 (H8)
☎ 954 50 27 21
www.tabernadelalabardero.es
T. l. j. 13h-16h30
et 20h30-23h30 ; f. en août
• Restaurant : menu 33 € (midi lun.-ven.), à la carte env. 50 €
• Bistrot : menu 12,90 € (midi lun.-ven.), 17,50 € (sam.-dim.), 19,90 € (soir).

Un grand classique de Séville pour les expériences gastronomiques ! Ce bel édifice du XIXe s. abrite depuis plus de vingt ans une école hôtelière et un restaurant. Entre tradition et innovation, la carte fait la part belle aux produits frais du marché et aux saveurs locales, que l'on déguste dans un environnement

chic et traditionnel. Logé dans le patio, le bistrot affiche des prix moins élevés.

Voir aussi ***La Fiorentina*** *(p. 21).*

Le quartier de l'université

Visite 7 – p. 22

Coliseo

C. Almirante Lobo, 17 (D3)
☎ 954 21 84 30
www.cafeteriacoliseo.com
T. l. j. 8h-1h.

Sur la Puerta de Jerez, ce grand établissement multifonction fait cafétéria, restaurant, glacier et boulanger. On peut y déguster des tapas à toute heure ou se rafraîchir sur la terrasse, avec un verre de gaspacho ou une glace.

Oriza

C. San Fernando, 41 (D2)
☎ 954 22 72 54
www.restauranteoriza.com
Lun.-sam. 13h30-16h
et 20h30-23h
Menus de 45 à 110 €.

Adossé aux murs du Real Alcázar, ce restaurant haut de gamme propose une cuisine basque teintée de saveurs andalouses. On peut opter pour un dîner chic dans le salon d'hiver avec sa belle verrière (la demeure date de 1926) ou picorer des tapas froides au comptoir du bar ou en terrasse. Excellente carte des vins riche de 400 références.

Voir aussi ***Hotel Alfonso XIII*** *(p. 23).*

Le parc María Luisa
Visite 8 – p. 24

La Raza

Av. Isabel la Católica, 2 (E2)
☎ 954 23 20 24
www.grupolaraza.com
Cafétéria : t. l. j. 9h-minuit
Restaurant : t. l. j. 13h-16h30, plus ven.-sam. 20h30-23h30
Tapas autour de 3 €, *ración* de 5 à 12 €, dîner à la carte de 30 à 50 €.

Blottie à l'extrémité du parc María Luisa sous de hauts arbres, La Raza est depuis 1937 un rendez-vous très prisé des Sévillans. Tout en profitant de ce petit coin de nature, on grignote des tapas sur la terrasse ou l'on s'installe dans la véranda ou sous la tonnelle pour goûter à des plats plus élaborés, dans la tradition sévillane mais avec une pointe de modernité.

Voir aussi ***Kiosco Abilio*** *(p. 25).*

La Macarena
Visite 9 – p. 26

El ConTenedor

C. San Luis, 50 (B2)
☎ 954 91 63 33
www.contenedorcultural.com
T. l. j. sf lun. midi 13h30-16h et 21h-23h30
Plats de 15 à 22 €.

À l'ombre de l'église San Luis, El ConTenedor est un petit restaurant branché et chaleureux. On s'y régale de tapas, de plats plus élaborés, de bonne musique, d'œuvres d'art et de vidéos projetées sur un grand mur blanc. Avec la cuisine ouverte sur la salle de restaurant, on se sent un peu comme chez des amis. Consultez le site Internet pour vous tenir au courant de l'agenda culturel.

Voir aussi ***Sacramento*** *(p. 27).*

Alameda et San Lorenzo
Visite 10 – p. 28

Emperador Trajano

C. Trajano, 10 (C3)
☎ 954 37 48 80
Lun.-ven. 8h30-2h, sam.-dim. 8h30-3h/4h
Café 1,50 €.

On peut se rendre à toute heure dans ce café décoré de pierres apparentes et y grignoter un en-cas au bar, sur le pouce, ou prendre le temps de déjeuner copieusement, à table, seul ou accompagné. Les pâtisseries et les gâteaux sont servis pour le goûter avec un excellent *cafe solo*.

Casa Paco

Alameda de Hércules, 23 (B3)
T. l. j. 13h15-16h30 et 20h15-minuit
Tapas de 2,50 à 4 €, plat de 7 à 12 €, menu 12 € (midi lun.-ven.).

Avant d'arpenter les nombreux bars de la Alameda de Hércules, faites une halte à la Casa Paco pour y déguster en toute simplicité une cuisine maison délicieuse et créative. Installez-vous sur la terrasse, qui est très sympa en soirée, pour picorer toutes sortes de tapas ou simplement pour boire un verre dans ce qui est devenu le lieu de rendez-vous de la jeunesse bohème de Séville.

Eslava

C. Eslava, 5 (B3)
☎ 954 90 65 68
www.espacioeslava.com
Mar.-sam. 12h30-16h30 et 19h30-minuit, dim. 13h-16h
Tapas de 2,30 à 3 €.

Ce petit bar, situé dans le quartier de San Lorenzo, attire une clientèle de tous âges et de tous horizons. La décoration est moderne et actuelle, le savoir-faire, lui, est ancien. Les tapas originales sont le fruit d'un vrai effort de création. Grande animation pour un établissement bondé le week-end.

Nikkei Bar

C. Calatrava, 34 (B3)
☎ 620 82 47 17
www.equipompuntor.com/nikkeibar
T. l. j. sf mar. et mer. midi 13h-16h30 et 20h30-1h
Tapas de 3 à 4 €, plats de 6,50 à 11 €.

De l'immigration japonaise au Pérou il y a plus d'un siècle (*nikkei* signifie « Japonais loin du Japon ») est née cette cuisine fusion. Ceviches et *niguiris* de poisson ou de viande, wok de *noodles* ou de riz aux fruits de mer et petits plats péruviens joliment présentés se savourent au « comptoir-cuisine » ou dans le lumineux patio intérieur avec sa chouette déco façon récup'.

La Azotea

C. Jesús del Gran Poder, 31 (B3)
☎ 955 11 67 48
www.laazoteasevilla.es
Mar.-sam. 13h30-16h et 20h30-minuit
Tapas de 3,50 à 5,50 €, *ración* de 10 à 18 €.

On se régale de tapas inventives dans ce *gastrobar* moderne, toujours rempli et un brin bruyant. À table ou au comptoir, les petits délices gastronomiques varient au gré des saisons : *solomillo de buey*, tartare de saumon, *croquetas* du chef, foie gras maison ou poisson du jour. Et pour les régimes spéciaux, un choix de tapas sans gluten ! Autres adresses : c. Zaragoza, 5 et c. Mateos Gago, 8.

Dúo Tapas

C. Calatrava, 10 (B3)
☎ 955 23 85 72

1 - La Antigua Abacería
2 - La Comidilla
3 - La Comidilla

T. l. j. 13h30-0h30
Tapas 2,90 €-3,50 €, *ración* 8-9 €.

Depuis son ouverture, Dúo Tapas a son lot d'aficionados séduits par des saveurs qui changent de l'ordinaire : hamburguer Elvis, tempura de légumes, poulet au curry, risotto, magret de canard, *tataki* de thon, croquettes aux champignons… La terrasse sur la petite place ombragée est toujours prise d'assaut, soyez patient.

El Gallinero de Sandra

Pasaje Esperanza Elena Caro, 2 (C3)
(entre c. Trajano et Amor de Dios)
☎ 954 90 99 31
http://elgallinerodesandra.es
Mar.-dim. 13h45-16h
et 20h30-minuit
Plats de 8 à 16 €.

Délaissez un instant les tapas et installez-vous dans le chaleureux « poulailler de Sandra » niché dans une ruelle à deux pas de la Alameda. Le chef y concocte de bonnes assiettes méditerranéennes, des salades César, du poulpe frit, de la morue grillée, du poulet aux gambas ou des œufs étoilés, les stars de ce poulailler cosy.

No-Lugar

C. Trajano, 16 (C3)
☎ 661 61 56 46
Lun. 20h-23h30, mar.-sam. 13h-16h et 20h-23h30, dim. 13h-16h
Tapas autour de 3,50 €,
plats autour de 13 €,
paiement en espèces.

Meubles vintage dépareillés, grandes tables communes, lampes industrielles et vaisselle marocaine, la déco cool de ce restaurant attire aussi bien les branchés que la jeunesse dorée sévillane. La cuisine hispano-marocaine n'étant hélas pas à la hauteur du lieu, on s'y attablera surtout pour l'ambiance et l'accueil charmant de Pépé.

Voir aussi ***Red House*** *(p. 29).*

Barrio del Museo
Visite 11 – p. 30

Nazca

C. Baños, 32 (C4)
☎ 691 32 08 98
Facebook : Nazca
Mer. 20h30-minuit, jeu.-lun. 13h-17h et 20h30-minuit.

Larges fenêtres et déco façon brocante, cette cantine urbaine et décontractée est l'autre spot de Séville pour goûter à la cuisine *nikkei* (voir Nikkei Ba p. 71). Pour faire voyager vos papilles entre Pérou et Japon *niguiris*, makis, ceviches, viande de porc braisée, salades goûteuses, sorbets maison et cocktails exotiques sont au menu. Parfait pour changer des tapa andalouses !

La Alacena de San Eloy

C. San Eloy, 31 (G8)
☎ 954 21 55 80
Lun.-sam. 11h30-16h30
et 17h30-23h30
Tapas de 1,90 à 3,95 €.

Cet établissement aux mur orange joue la carte de l'épure

et du style contemporain. Perché sur une chaise haute, on se laisse surprendre par des tapas vraiment originales que l'on peut accompagner, pour changer, d'un verre de cidre. La sélection de vins change chaque semaine. Niché dans une rue très commerçante, il est animé surtout en semaine.

Voir aussi ***El Burladero*** *(p. 31).*

Triana, côté calle Betis
Visite 12 – p. 32

La Antigua Abacería

C. Pureza, 12 (D4)
☎ 620 03 18 32
Facebook : La Antigua Abaceria
T. l. j. 12h30-16h et 20h-minuit (f. midi en juil.-août)
Tapas 2,60 €, casseroles 7,50 €, *tablas* 15 € (pour 4).

Cette *abacería* (bar-épicerie) est une de nos adresses préférées à Triana. L'endroit est tout petit mais l'ambiance n'en est que plus chaleureuse. Musique andalouse en fond sonore et jambons suspendus au-dessus de votre tête, vous dégusterez, accoudé au comptoir ou à un tonneau, d'excellentes tapas à prix raisonnable, tartines, casseroles et *tablas* de charcuterie accompagnées de très bons vins de la région. On peut y faire ses emplettes de conserves, vins, légumes secs, charcuterie ou fromages.

Café de la Prensa

C. Betis, 8 (D4)
☎ 954 00 29 69
T. l. j. 15h-3h
Boissons fraîches de 2,50 à 3 €, tarte 2,50 €.

Ce café aux murs couverts de journaux invite à la conversation. En terrasse (avec vue sur l'Arenal) ou à l'intérieur, vous trouverez une ambiance chaleureuse propice aux jeux de table (échecs, cartes…). Profitez-en pour savourer quelques douceurs maison (tarte au chocolat, aux pommes…).

Abades Triana

C. Betis, 69A (E3)
☎ 954 28 64 59
www.abadestriana.com
T. l. j. 13h30-16h et 20h30-minuit
Menus 35 € (midi lun.-ven.) et 80 €.

Cette grande structure de verre posée sur la berge contraste avec l'architecture traditionnelle du quartier. On est aux premières loges pour contempler la Torre del Oro, qui s'élève sur la rive opposée du Guadalquivir. Le restaurant propose une cuisine andalouse moderne.

Voir aussi ***Manu Jara*** *(p. 33).*

Triana, côté calle Castilla
Visite 13 – p. 34

La Comidilla

C. Callao, 1 (D4)
☎ 695 15 83 83
T. l. j. 12h30-17h30 et 19h30-0h30
Tapas de 2,50 à 2,80 €, *ración* de 6 à 16 €.

Les habitants du quartier ont fait de cette adresse proposant tapas, *vinos* et café leur point de chute préféré. Une petite salle agréable, quelques tables colorées en terrasse, une halte simple et sympathique pour grignoter petites salades, tapas de poisson (*lomo de bacalao*, thon *a la plancha*) ou de viande (magret de canard, *solomillo* aux fines herbes), risotto ou spaghettis façon thaïe.

Voir aussi ***Sol y Sombra*** *(p. 35).*

Hors visite

Puratasca

C. Numancia, 5 (D5)
☎ 954 33 06 80
http://puratasca.blogspot.fr
Mar.-sam. 13h30-16h30 et 20h30-minuit
Tapas de 3 à 9,90 €, menu dégustation 30 €.

Les Sévillans se rendent les yeux fermés dans cette *tasca* perdue au milieu de nulle part. Derrière un aspect un peu boui-boui de quartier se cache le tout premier *gastrobar* de Séville. De la cuisine ouverte sur une salle au parfum kitsch années 1970 sortent de merveilleuses tapas de gourmet. Les sucettes au chorizo *(pirulétas)* y remportent un franc succès et certains desserts sont du pâtissier français Manu Jara, qui possède sa propre échoppe à proximité (p. 33).

Abantal

C. Alcalde José de la Bandera, 7 et 9 (D2)
☎ 954 54 00 00
www.abantalrestaurante.es
Mar.-sam. 14h-16h et 21h-23h
Menu dégustation 62,60 € (78 € avec vin).

Non loin du centre historique, le seul restaurant étoilé de Séville saura éveiller la curiosité de vos papilles avec sa cuisine andalouse jeune, contemporaine et décomplexée. Si les ingrédients sont traditionnels, la technique, celle du jeune et talentueux chef cuisinier Julio Fernández Quintero, est moderne et la carte change en fonction des produits de saison. Le décor plutôt masculin mêle le bois, le métal et le granit.

Tapas et *copas*

La tradition des tapas est très ancrée en Andalousie, et Séville en a fait un véritable art de vivre. Ville du *tapeo* par excellence, le nombre de bars à tapas y dépasse largement celui des restaurants. Selon un rituel gastronomique et social bien établi, les Sévillans ont pris l'habitude de se retrouver entre amis à l'extérieur plutôt que chez eux et de faire leur repas en grignotant de bar en bar. Faites comme eux et lancez-vous dans une odyssée gourmande riche de surprises et de rencontres.

Petite histoire de tapas

Selon la légende, c'est le roi Alfonso X « El Sabio » qui imposa à toutes les tavernes de servir une petite chose à manger pour accompagner le vin. Mais une autre version affirme que c'est le serveur qui, pour éviter que la poussière ou les mouches ne tombent dans le verre, aurait couvert celui-ci d'un morceau de saucisson... Le terme *tapa* (couvercle) viendrait de cette habitude de couvrir les verres de petits amuse-gueules. Au fil du temps, les tapas ont évolué pour constituer des petits plats cuisinés de plus en plus élaborés, jusqu'à remplacer le repas traditionnel.

Tapas à la carte

Outre les indétrônables charcuteries (*jamón, lomo, chorizo*...), fromages et poissons frits *(pescaíto frito)*, vous aurez l'occasion de goûter à une infinité de plats : *caracoles* et *cabrillas* (escargots), *montaditos* (minisandwichs grillés), *ensaladilla* (pommes de terre, crevettes, mayonnaise), *papas aliñas* (pommes de terre, oignon, poivrons, tomates), *solomillo al whisky* (filet de porc au cognac), tortilla (omelette de pommes de terre), *croquetas* (croquettes au

jambon), *albóndigas* (boulettes de viande) et l'incontournable gaspacho (retrouvez d'autres spécialités p. 76).

Mode d'emploi

L'heure du *tapeo* coïncide avec l'heure du déjeuner et du dîner. On passe commande au comptoir, où les prix sont en principe affichés (parfois il n'y a pas de carte). Un plat peut être servi en *tapa* (petite portion autour de 2-4 €), en *media ración* (portion moyenne autour de 5-8 €) ou en *ración* (grande portion autour de 10-15 €). Privilégiez les tapas afin de goûter un maximum de mets. À plusieurs, partagez une *tabla* de charcuterie. Dans les établissements traditionnels, les serveurs notent encore à la craie l'addition sur le comptoir. Pour rappel, les cuisines sont généralement fermées entre 16h et 19h.

Quelques conseils pour *ir de tapeo*

Pour réussir votre tournée des tapas et manger une cuisine typique, éloignez-vous du centre (cathédrale, Santa Cruz). Quand le menu est affiché en plusieurs langues, c'est plutôt mauvais signe, mais sachez que certains bars touristiques proposent une cuisine d'excellente qualité. Le mieux est de suivre les Sévillans et de pister les bars dont la clientèle déborde sur le trottoir. S'il y a du monde, du bruit et qu'il est difficile de se frayer un chemin jusqu'au comptoir, vous êtes à la bonne adresse ! N'hésitez pas à demander conseil à votre voisin de comptoir pour le choix des tapas, car chaque établissement a sa spécialité. Vous pouvez aussi offrir une tournée *(una ronda)*, vous ferez ainsi acte de *convida* et récolterez quelques bons plans pour la suite de votre pèlerinage gourmand.

Copas et bodegas

La bodega est un bar qui produit son propre vin. On s'y retrouve pour l'*aperitivo* et pour grignoter des tapas basiques (olives, charcuterie...) autour d'une *copa de vino fino*, de manzanilla bien frais ou de *tinto de verano* (mélange de vin rouge et de boisson gazeuse très rafraîchissant en été). Parfois, les bodegas ne sont qu'un simple comptoir où l'on commande son verre, que l'on sirote ensuite debout à des tables hautes ou à des tonneaux installés sur le trottoir. Et n'oubliez pas de goûter à l'*agua de Sevilla*, le cocktail local à base de champagne, whisky, jus d'ananas et chantilly ! Il est servi dans la plupart des bars.

Bar tienda et *abacería*

Quelle meilleure façon de choisir des produits du terroir à rapporter chez vous que de les goûter auparavant ? Cela est possible grâce aux nombreux *bar tiendas* et *abacerías* disséminés partout dans la ville. Dans ces bars-boutiques ou bars-épiceries, vous pourrez prendre un verre accompagné de tapas et acheter ensuite la spécialité que vous venez de déguster. Essayez par exemple Flores (p. 100), Casa Palacios (p. 101) ou La Antigua Abacería (p. 73).

Jamón, gaspacho et *pescaíto frito*

De *tasca* en bar à tapas, de *cervecería* en bodega, de *freídura* en *marisquería*, de *taberna* en *restaurante*, Séville vous invite à sa table pour découvrir toutes les richesses de la gastronomie andalouse. Pétrie d'influences arabes, gorgée de soleil, un pied dans la mer et l'autre sur la montagne, voilà une cuisine qui ne manquera pas d'aiguiser vos papilles !

Petit déjeuner à l'andalouse

Pour accompagner votre *cafe solo* (café noir), *cafe con leche* (café au lait) ou *cortado* (avec un nuage de lait), troquez les viennoiseries, pas fameuses, pour les *tostadas,* des tartines grillées enduites d'huile d'olive (simple mais irrésistible !), agrémentées ou non de tomate. Autre option, plus riche, un *chocolate con churros,* chocolat chaud dans lequel on trempe de délicieux beignets croustillants, à déguster dans les cafés ou les *churrerías.*

Cocina andaluz

Ne vous cantonnez pas aux plats nationaux (paellas, tortillas) servis abondamment dans les quartiers touristiques. Entre autres spécialités andalouses, citons le *gazpacho andaluz* (soupe froide de tomate, poivron et concombre), son plat le plus célèbre, ou le succulent *salmorejo* dans sa version crémeuse. Autres classiques, la *cola* ou *rabo de toro* (queue de taureau), le *lomo* (porc) à toutes les sauces, les *huevos a la flamenca* (œufs frits, légumes et charcuterie) ou les *espinacas con garbanzos* (épinards aux pois chiches), plat sévillan hérité des Arabes.

Côté douceurs *(dulces)*, les nonnes des couvents élaborent une ribambelle de pâtisseries délicieuses mais ultra-caloriques (p. 107).

Jamón, jamón !

Pendu par dizaines au plafond des bars à tapas, le jambon andalou jouit d'une réputation qui ne se dément pas. Il faut distinguer le *jamón serrano* à base de porc blanc et le *jamón ibérico* ou *pata negra* provenant de porc noir, de qualité supérieure. La meilleure variété de *jamón ibérico* est le *jabugo* produit dans la sierra de Huelva. Goûteux et fondants, les *jabugos* confectionnés à partir de cochons nourris exclusivement de glands *(bellota)* obtiennent la mention *cinco jotas* (JJJJJ). Le fin du fin (pas donné) à ne déguster qu'en tranches très fines !

Frito ou a la plancha

Vous aurez l'occasion de goûter toutes sortes de poissons et fruits de mer frits *(fritos)*, grillés *(a la plancha)*, marinés ou en sauce. Côté poissons *(pescados)*, on trouve sardines *(sardinas)*, thon *(atún)*, espadon *(emperador)*, daurade *(dorada)*, anchois *(boquerones)*, sans oublier la morue *(bacalao)*, merveilleusement cuisinée à Séville. Côté fruits de mer *(mariscos)*, c'est une colonie de calamars, encornets *(chipirones)*, seiches (*sepia* ou *choco*), crevettes grises *(camarones)*, crevettes roses *(gambas)*, langoustines (*cigalas*, à ne pas confondre avec les *langostinos*, de grosses crevettes), moules *(mejillones)* et autres coquillages. Les fritures de poisson *(pescaíto frito)* sont vendues dans les *freíduras* et se dégustent avec les doigts.

Huile d'olive

La base de la cuisine andalouse ! Constellée d'oliviers, l'Andalousie produit 80 % de l'huile d'olive du pays. Glissez une bouteille de la meilleure *aceite de oliva* dans vos valises, elle est beaucoup moins chère ici. Les meilleures huiles d'olive proviennent des provinces de Cordoue et de Jaén (les régions de Baena, Priego de Córdoba, Sierra Mágina et Sierra del Segura bénéficient d'une appellation d'origine contrôlée). Choisissez une *virgen extra*, le top du top provenant d'une pression à froid. L'Andalousie produit également le fameux vinaigre de Jerez, vieilli en fût de chêne à partir de vins de Jerez.

Vins andalous

Ce sont principalement des vins blancs qui accompagnent à merveille tapas et fritures. Produits dans la province de Cadix, les plus prestigieux sont les vins de Jerez (Xérès), classés en trois catégories : le *fino*, sec et clair, l'*amontillado*, au goût de noisette, et l'*oloroso*, plus corsé. Boisson par excellence de la Feria, le manzanilla, produit à Sanlúcar de Barrameda, est un *fino* dont la saveur proviendrait des vents marins. Citons encore les vins de Montilla-Moriles proches des Jerez et le vin doux de Málaga *(málaga dulce)*. Si vous préférez la bière *(cerveza)*, à Séville, on sert principalement la Cruzcampo, une bière assez douce.

Shopping
mode d'emploi

Où faire du shopping ?

Le triangle formé par la plaza de San Francisco, la plaza del Salvador et la Campana est le haut lieu du shopping sévillan pour les articles de mode de grandes marques espagnoles ou internationales et pour les **accessoires traditionnels** (mantilles, *mantones*, éventails…). Pour un shopping branché ou décalé, cap sur Soho Benita, la calle Regina ou la calle Amor de Dios. Santa Cruz foisonne de bazars à touristes mais recèle aussi des boutiques intéressantes. La calle Francos est spécialisée dans les accessoires religieux et les magasins pour enfants, et El Arenal perpétue la tradition de la sellerie. Pour faire le plein de céramiques sévillanes, direction Triana !

Grands magasins et centres commerciaux

On trouve plusieurs **Corte Inglés** (les Galeries Lafayette version espagnole !) dans le Centro (p. 31). Le centre commercial **Plaza de Armas** (p. 31) charme par son cadre atypique, mais l'offre y est moins variée qu'au **Nervión Plaza** et ses 25 000 m² dédiés au shopping, à la restauration et aux loisirs. Le grand magasin **Vips** peut vous sortir de l'embarras lorsque les autres magasins sont fermés.

- **Nervión Plaza** : av. Luis de Morales, 3 (HP par D1) – M° Nervión ☎ 954 98 91 31 ou 954 98 91 41 – www.nervionplaza.com – Lun.-sam. 10h-22h.
- **Vips** : av. República, 23-25 (E4) – ☎ 955 57 10 09 – www.vips.es – T. l. j. 8h-1h (2h sam.-dim.).

Horaires d'ouverture et soldes

Les boutiques ouvrent du lundi au vendredi de 10h à 14h et de 17h à 20h, et le samedi de 10h à 14h. Attention, ces horaires peuvent varier en fonction de la chaleur et du calendrier religieux. Les enseignes internationales et les grands magasins ouvrent en continu du lundi au samedi de 10h à 21h. Le dimanche, tout est fermé, ce qui permet d'aller découvrir les marchés sévillans (p. 98). En juillet-août, la ville tourne au ralenti à cause de la canicule : de nombreux commerces ferment pour 2 ou 3 semaines ou appliquent des horaires réduits. Les soldes ont lieu en janvier-février et en juin-juillet.

SE REPÉRER

Nous avons indiqué pour chaque adresse Shopping sa localisation sur le plan général (B2, G8…). Pour un repérage plus facile en préparant votre week-end ou lors de vos balades, nous avons signalé sur le plan par un symbole rouge toutes les adresses de ce chapitre. Le numéro en rouge signale la page où elles sont décrites.

Notre Top du *made in* Sevilla

Découvrez le savoir-faire des artisans sévillans et rapportez un souvenir unique 100 % *hecho a mano* !

Accessoires andalous revisités
Coco Sevilla – *Voir p. 110.*

Chaussures sur mesure
La Curtiduría – *Voir p. 84.*

Souvenirs *andalusí*
Mimbar – *Voir p. 111.*

Sombreros et sacs en cuir
Antonio García – *Voir p. 105.*

Azulejos de Triana
A. González – *Voir p. 94.*

Sacs en tissu
Zález – *Voir p. 87.*

Guitares
Juan Luis Cayuela – *Voir p. 103.*

Chaussures flamencas
Calzados Mayo – *Voir p. 103.*

Notre Top des boutiques les plus branchées

De l'art et du vintage
Wabi Sabi – *Voir p. 92.*

Librairie décalée
Un Gato en Bicicleta – *Voir p. 109.*

Art urbain
Delimbo – *Voir p. 17.*

Accessoires hipsters
Le Voila – *Voir p. 86.*

Créateurs indépendants
La Seta Coqueta – *Voir p. 83.*

Vintage pointu
Buhoneras – *Voir p. 82.*

Petites robes lolita
Isadora – *Voir p. 83.*

Chaussures cool
Zapata – *Voir p. 84.*

Notre Top des boutiques traditionnelles

Des amours de boutiques pour trouver des bibelots surannés ou replonger dans la Séville d'antan…

Affiches rétro de la Feria
Félix Cartelismo – *Voir p. 97.*

Souvenirs poétiques
Le Secret de Carmen – *Voir p. 110.*

Peignes en écaille et vieux bijoux
Laurel Antigüedades – *Voir p. 97.*

Cierges et *dolorosas*
Antigua Cerería del Salvador
Voir p. 106.

Chapellerie des années 1930
Maquedano – *Voir p. 105.*

Les créateurs espagnols

La femme andalouse reste assez sobre côté mode. C'est ainsi qu'est apparu un groupe de stylistes espagnols dont les propositions sont élégantes, fonctionnelles et minimalistes. L'Andalousie a tout de même révélé des talents qui se démarquent de ces tendances plutôt BCBG : certains créateurs, comme Victorio & Lucchino, savent s'inspirer de la lumière et du folklore sévillan pour colorer leurs modèles.

Sangrespañola

C. Santa Teresa, 4 (I6)
☎ 954 22 72 26
T. l. j. 10h-23h (22h en hiver).

Cette petite boutique de mode perdue au cœur de Santa Cruz est une mine de robes de créateurs espagnols connus ou plus confidentiels (de 45 à 190 €) qui se déclinent en coton blanc brodé ou en imprimés flashy. Dans les vitrines, de superbes bijoux en argent, des foulards de toutes les couleurs et des chaussures.

Victorio & Lucchino

C. Sierpes, 87 (G7)
☎ 954 22 79 51
www.victorioylucchino.com
Lun.-sam. 10h30-14h et 17h-20h30 (f. sam. ap.-m. en été).

Une explosion de couleurs et d'arômes d'orangers envahit les créations de ces deux stylistes sévillans. Signe qui ne trompe pas : ils ont su gagner la confiance des femmes sévillanes. S'inspirant de la culture andalouse (robes à partir de 200 €), leurs tenues mélangent tissus vaporeux et colorés, volants asymétriques, châles en soie *(mantones)*...

Flamenco

C. Francos, 39 (H7)
☎ 954 22 62 13
www.flamencochic.com
Lun.-sam. 10h-14h et 17h30-20h30.

Le nom est trompeur car vous n'y trouverez pas de robes flamencas mais une profusion de vêtements joyeux et colorés pour femmes et fillettes dans une tendance ethnique chic : robes longues en coton fleuries, tuniques brodées (79 €), blouses pailletées, et toute une gamme d'accessoires et de sacs séduisants. Le design est espagnol et la fabrication indienne.

olores Promesas

. Cuna, 26 (G7)
954 21 54 91
ww.dolorespromesas.com
un.-sam. 10h30-21h.

errière le nom de Dolores romesas, les créateurs nadrilènes distillent une mode une et pétillante, colorée et leine de fantaisie. Dans la outique, aussi pimpante que s collections, des robes pour ous les jours à pois, à rayures u imprimées (de 90 à 160 €), es robes de fête en édition mitée, des sacs en cuir rtisanal et toute une collection e chaussures ultra-girly.

aviar

laza del Salvador, 14 (H7)
954 21 76 39
un.-sam. 10h-14h
t 17h-21h.

ans cette petite boutique amoncellent les créations très colorées de la styliste sévillane Paul Macías. Si vous recherchez des pièces exclusives, les robes faites main sont fabriquées en édition très limitée, seulement six ou sept exemplaires (comptez env. 200 €). Les romantiques peuvent y faire customiser leurs escarpins de frous-frous, perles, plumes, fleurs ou camées (à partir de 20 € la chaussure) ou s'enticher d'un petit sac fleuri ou d'une couronne de mariée bucolique.

La Libélula Shop

Ce beau concept-store mixe mode, art et déco dans une ancienne maison-palais. Autour du patio lumineux, on trouve un fleuriste, un café ainsi qu'une galerie d'art, mais surtout un bel échantillon de marques espagnoles émergeantes ou établies pour habiller toute la famille avec les accessoires, bijoux et chaussures qui vont avec. Des collections sont réalisées en exclusivité pour la maison.

C. Cuna, 45-49 (H7) – ☎ 954 22 28 19
www.lalibelulashop.com
Lun.-sam. 10h-21h.

La Lola

C. O'Donell, 30A bajo (G8)
☎ 955 38 27 55
www.lalolabcn.com
Lun.-sam. 10h-14h et 17h-21h.

L'antre rose et girly où les coquettes se font plaisir avec des marques tendance et des pièces exclusives ou artisanales de créateurs espagnols : Pepa Loves, Joaquim Verdú, Maribel Ruiz, Molly Bracken... On y débusque les tee-shirts peints à la main de Myrarte, des bijoux artisanaux, les espadrilles branchées Patinpatón et un tas de petites robes craquantes (de 35 à 120 €).

Desigual

C. Sierpes, 81 (H7)
☎ 954 21 64 53
www.desigual.com
Lun.-sam. 10h-21h.

La célèbre marque barcelonaise, qui a conquis la planète avec ses imprimés flashy, a ouvert une immense boutique dans le centre de Séville. Décibels poussés à fond et rayonnages tourbillonnants de couleurs font tourner la tête des ados sévillans. Une mode streetwear et sportswear joyeuse, atypique et à prix raisonnables (tee-shirt 34 €).

Pour les femmes

À l'opposé des enseignes internationales, des boutiques exclusives, sophistiquées et originales, ont fleuri partout dans la ville, une véritable alternative pour les fashionistas. Des adresses où l'on prend le temps de se confectionner un look bien à soi, à l'abri de la cohue. Bobo chic, princesse romantique, reine du dancefloor ou lolita rétro, toutes les femmes s'habillent à Séville !

Arsenale

C. Adriano, 22 (I8)
☎ 954 22 78 09
www.arsenale.com
Lun.-ven. 10h30-14h et 17h30-21h, sam. 10h30-14h.

Un amour de boutique avec ses ampoules qui dégringolent du plafond et une sélection triée sur le volet de robes, de chaussures *made in España* ultra-féminines (escarpins maison à 98 €), d'adorables sacs à mains (pistez les exclusivités !), de *mantones* brodés aux couleurs originales et de bijoux à croquer. Pour les chapeaux, la spécialité d'Arsenale, filez dans la boutique voisine (p. 86).

Hamëvaki

C. Zaragoza, 10 (H8)
☎ 954 22 03 28
Lun.-sam. 10h30-14h et 17h30-21h (20h30 en hiver).

Dès l'entrée, on est séduit par la profusion des imprimés et des couleurs. *Hamëvaki* est un vieux mot finnois qui désigne les filles. Pas étonnant qu'on y trouve le meilleur du stylisme scandinave, intemporel, beau et confortable, et les fameux tissus Marimekko. À cela s'ajoutent les créations d'Orla Kiely, Chie Mihara, Tara Jarmon (robes à partir de 100 €) et Edith & Ella (robes à partir de 100 €). Vous risquez d'y passer du temps !

Buhoneras

C. Jesús del Gran Poder, 35 (B3)
☎ 678 34 60 89
Lun.-sam. 10h-14h et 17h30-21h (f. sam. en été).

La meilleure boutique vintage de Séville ! Robes des années 1920 à 1970 (de 15 à 120 €), bibis rétro, bijoux de nos arrière-grands-mères, *mantones de Manila* anciens (autour de 300 €), lunettes de soleil maxi format, sacs en cuir, chaussures... voilà de quoi dénicher des pièces rares. Et pour les amateurs de déco vintage : téléphones en Bakélite

rvices à thé fleuris, vieilles dios, valises et mobilier.

a Seta Coqueta

Regina, 9 (C3)
955 51 83 84
ww.lasetacoqueta.es
n.-sam. 11h-14h30 et 17h30-h (18h30-21h30 en été) ; 2-3 sem. en août.

s coquettes en quête pièces uniques piocheront ec gourmandise parmi créateurs indépendants pagnols et étrangers, gentins ou américains. Tout t fait main, des petites robes rly aux shorts très *Brooklyn yle* en passant par les bijoux accessoires en tout genre (de à 50 €). Le lieu se transforme petite galerie d'art toutes s semaines.

adora

Pérez Galdós, 1 (G6)
954 22 27 50
tp://isadoratienda.blogspot.fr
n.-sam. 11h-14h et 17h30-21h sam. en juil.-août).

st le paradis de la petite be branchée ! Les lolitas y arrachent les marques pagnoles Kling, Skunkfunk, alahierba ou Rules by Mary obes 40-120 €). Pour parfaire silhouette, les vitrines gorgent d'accessoires et de joux de créateurs sévillans mme les pâtisseries à croquer de Sweet Tweet ou les bibis rétro d'Isadora. On y glane aussi des œuvres d'artistes locaux.

Pan con Tomate

C. Amor de Dios, 3 (G7)
☎ 954 90 50 41
Lun.-ven. 10h30-14h et 17h30-21h, sam. 11h-14h30 et 17h30-21h.

Vous en pincez pour la mode ethnique et bohème ? Ne manquez pas cette boutique qui regorge de jolies choses à prix doux ! Pour vous donner des airs de princesse nomade : tuniques à fleurs, sarouels, jupes gitanes, écharpes thaïlandaises, châles de mariée indienne, ceintures afghanes, chaussons berbères et une irrésistible collection de bijoux et sacs en cuir ou en tissu (à partir de 20 €) et de meubles indiens recyclés.

La Folie

C. Antonia Diaz, 16 (I8)
☎ 954 21 96 57
www.lafolie.es
Lun.-ven. 10h-14h et 17h30-20h30, sam. 10h30-14h ; f. en août.

Boudoir chic et intime, La Folie a des clientes dans toute l'Espagne, sans doute parce qu'on peut s'y offrir toute la panoplie de la parfaite citadine avec les marques Jorge Vazquez, Chie Mihara, Sita Murt, Tara Jarmon ou Paul & Joe. Sacs, bijoux, chapeaux et accessoires respirent la féminité. Comptez autour de 150 € pour une robe.

La station coquine : Hyxteria

La jeune et jolie Pilar a mille et une idées pour assouvir les humeurs frivoles des filles sans tabous. Dans son sex-shop de poche, lumineux et branché, des accessoires rigolos pour jeux coquins, de la lingerie affriolante, des *sex toys* colorés, de la cosmétique érotique et des huiles de massages parfumées (de 16 à 25 €). De quoi faire s'envoler l'imagination !

C. Jesús del Gran Poder, 116 (B3) – ☎ 955 32 65 54
www.hyxteria.com
Mar. 17h30-20h30, mer.-ven. 10h30-14h et 17h30-20h30 (18h-21h en été), sam. 11h-14h.

Chaussures

Au rayon chaussures, le mythe se vérifie : le choix est varié, la qualité très bonne et les prix sont intéressants. Les ruelles commerçantes du Centro, autour de la calle Sierpes, regorgent de *zapaterías* proposant des modèles pour tous les goûts et toutes les occasions, des plus classiques aux plus extravagants. Impossible de ne pas trouver chaussure à son pied !

Zapata

• C. San Luis, 90 (B2)
☎ 954 90 06 48
• C. Ortiz de Zúñiga, 1 (G6)
☎ 954 22 75 15
www.zapatasevilla.es
Lun.-sam. matin 10h30-14h et 17h30-21h ; f. 2 sem. en août.

Hors des *calles* battues, la *zapatería* la plus branchée de Séville est frappée d'un logo en forme de moustache, référence au révolutionnaire mexicain Emiliano Zapata. Pour chausser toute la famille, des designs originaux et colorés (autour de 80-100 €), des marques indépendantes espagnoles ou scandinaves comme Maians, The Art Company, Barceloneta, Shoe Biz ou la griffe *eco-friend* el Naturalista. En prime, des bijoux, sacs et accessoires de créateurs locaux !

La Curtiduría

C. Antonio Díaz, 27-29 (I8)
☎ 955 27 97 81
www.lacurtiduria.es
Lun.-ven. 10h-13h30 et 17h30-20h30, sam. 10h-14h.

Héritiers d'un savoir-faire familial centenaire, ces artisan du cuir confectionnent sur mesure d'élégantes chaussures pour dandys à des prix défiant toute concurrence (autour de 170-200 €). On choisit un modèle proposé par la maison (derbys, mocassins...), le type de peau et la couleur, avant d'effectuer les mesures au

millimètre près. Comptez un mois et demi de fabrication (envoi possible en France). Également bottes, chaussures flamencas, sacs, ceintures et accessoires en cuir.

Cuqui Castellanos

C. Rosario, 8 (H8)
☎ 954 56 09 96
Lun.-ven. 10h-14h et 17h-20h30, sam. 10h30-14h.

Vous trouverez ici les marques les plus sélectes et les modèles les plus sophistiqués de chaussures et d'accessoires des grandes maisons internationales. C'est ici que vous découvrirez le must en matière de chaussures ou le sac qui fera la différence. Prix en conséquence...

Ziro's

C. Tetuán, 7 (H7)
☎ 954 22 30 24
Lun.-sam. 10h-21h (21h30 en été).

Si vous détestez passer inaperçue, vous trouverez forcément chaussure à votre pied parmi les modèles aux designs extravagants, colorés, rigolos ou carrément bling-bling de cette petite boutique. Incontournable pour les adeptes des marques Fly London, Pura Lopez, Irregular Choice, Chie Mihara, Guess ou Camper (env. 120 € la paire).

Camper

C. Tetuán, 24 (H7)
☎ 954 22 28 11
www.camper.com
Lun.-sam. 10h-21h.

Avec des modèles imaginatifs et un style très jeune, cette marque espagnole a connu un grand succès. En France, ses chaussures sportives et urbaines ont fait des ravages. Si vous vous comptez parmi les adeptes, profitez de votre passage en Espagne pour acheter un peu moins cher (de 99 à 145 €). Dans cette boutique, vous retrouverez les dernières créations, mais aussi les classiques qui séduisent les jeunes depuis plusieurs années.

Pilar Burgos

C. Tetuán, 16 (H7)
☎ 954 56 21 17
www.pilarburgos.net
Lun.-sam. 10h-21h.

Un bon rapport qualité-prix et un choix impressionnant de chaussures pour femmes, tels sont les atouts de cette célèbre enseigne sévillane. La spécialité ? Des escarpins très haut perchés de toutes les couleurs, carrément flashy ! Sinon au choix : sandales plates ou compensées, bottines, ballerines fantaisie... Les filles adeptes du tape-à-l'œil auraient tort de se priver, les prix sont très corrects : autour de 60 €.

Les espadrilles, incontournables

L'été arrivé, une grande sélection d'espadrilles envahit les boutiques, même les plus traditionnelles. Elles sont très commodes, économiques et surtout amusantes ! Les Espagnoles mettent souvent celles qui se nouent avec un lacet autour de la cheville. Un conseil seulement : attention à la pluie... Vous les trouverez sans problème dans presque tous les magasins de chaussures du centre et de Triana. Dans la rue de San Jacinto notamment sont réunis plusieurs magasins spécialisés (Triana, D4).

Bijoux, sacs et chapeaux

Féminine et coquette, la femme andalouse accorde une très grande importance aux accessoires. Petits sacs à main, bijoux et écharpes permettent d'égayer des tenues plutôt classiques. Couleurs et lumière de Séville s'allient une fois de plus avec beaucoup de grâce.

CHAPEAUX

Arsenale

C. Adriano, 22 (I8)
☎ 954 22 78 09
www.arsenale.es
Lun.-sam. 10h-14h et 17h-21h.

La colonie de chapeaux et de parures de tête vous donnera le tournis ! Chapeaux de fête, de cérémonie ou pour tous les jours (de 40 à 600 €), on y trouve les créations de la maison aux côtés des grandes références tels Borsalino (qui a lancé sa ligne *Miss Borsalino* pour les femmes), Helen Kaminski, Céline Robert, Bailey et Tesi.

Patricia Buffuna

C. Don Alonso El Sabio, 8 (G6)
☎ 954 53 78 24
Lun.-ven. 10h30-14h et 17h30-20h30, sam. 11h-14h.

Digne d'une galerie d'art, la boutique-atelier de cette chapelière sévillane (qui monte, qui monte !) est parsemée de petits chefs-d'œuvre époustouflants d'originalité : panamas déstructurés aux volutes extravagantes, chapeaux cloches en feutre ou en plume pour se donner une bobine de bohème intello, bibis très chic... De 50 à 200 € (plus pour les matériaux nobles).

BIJOUX ET ACCESSOIRES

Esmeralda

C. Alcaicería de la Loza, 26 (H6)
☎ 954 22 55 11
Lun.-sam. 10h-21h
Bijoux à partir de 5 €.

Véritable caverne d'Ali Baba, Esmeralda regorge d'accessoires et de bijoux fantaisie pour les coquettes : ceintures, sandales à partir de 20 €, foulards en soie, sacs à main du plus sobre au plus flashy, et toute une gamme de robes bobo-chic et ultra-colorées. Un spot pour faire de jolies trouvailles sans se ruiner.

Le Voila

C. Pérez Galdós, 4 (G6)
☎ 618 07 26 14
http://le-voila.blogspot.co.uk
Lun.-sam. 11h-14h et 17h30-21h (f. sam. ap.-m. en juil.) ; f. 15 j. en août.

Les fleurs bleues branchées ne résisteront pas aux créations originales de la Sévillane Penelope Martínez, qui réalise à la main une colonie de bijoux, sacs, badges, bibis, broches, foulards, parures pour cheveux et coussins (15 €) au parfum

rétro. Tout est adorable comme ces petits sacs en tissu vintage avec chaîne en bandoulière ou ces bijoux et peignes en laiton.

Elena Bernal

C. Sierpes, 59 (H7)
☎ 954 22 61 38
Lun.-sam. 10h-20h30 ; (13h30-17h en juil.-août).

Une référence pour les bijoux et accessoires dont les Sévillanes se parent les jours de fête : bijoux fantaisie, châles de toutes les couleurs, petits sacs, pochettes de cérémonie... Dans les vitrines, on aime surtout les bijoux, broches et petits peignes en argent et marcassite au charme tout rétro (prix moyen entre 50 et 100 €).

SACS

Zález

C. Don Alonso El Sabio, 6 (G6-7)
☎ 636 89 78 38
www.nuriagonzalez.com
Lun.-sam. 10h30-14h et 17h30-20h30 ; f. 2 sem. en août.

Núria González est une jeune créatrice sévillane qui a le don de mixer les tissus aux délicieux imprimés japonais. Sa boutique-atelier est une mine de sacs tous formats (de 30 à 40 €), du petit sac à main au sac à dos, des pochettes, des trousses, mais aussi des porte-clés, barrettes et accessoires déco : coussins, poupées de chiffon, cactus en tissu, guirlandes de fanions... Des pièces uniques, bien finies et dans l'air du temps, on craque !

Loewe

Plaza Nueva, 12 (H8)
☎ 954 22 52 53
www.loewe.com
Lun.-sam. 10h-20h30.

Spécialisée dans la maroquinerie de luxe depuis 1846, la célèbre maison madrilène incarne le chic espagnol. Outre les sacs emblématiques comme le *Flamenco*, reconnaissable à son pompon, ou l'*Amazona* taillé dans un veau velours, les accessoires se déclinent en pochettes, porte-monnaie (à partir de 195 €), porte-clés, trousses, carrés de soie, parfums et lunettes de soleil.

GANTS

Pino

C. Francos, 11 (H7)
☎ 954 22 57 13
Lun.-ven. 10h-13h30 et 17h-20h30, sam. 10h-14h (f. sam. ap.-m. en été).

Depuis 1938, la seule ganterie de Séville et d'Andalousie a vu se succéder trois générations de passionnés au service des élégantes. Entre les gants en cuir de fabrication espagnole et les modèles en laine, en Lycra, en dentelle ou au crochet, le choix est étourdissant (à partir de 50 €). Chic jusqu'au bout des doigts !

Dublos, deux créateurs andalous

Les bijoux et accessoires d'Alonso et Pepe sont apparus dans des représentations théâtrales comme *Le Barbier de Séville*, ornant les vêtements conçus par Victorio & Lucchino. Vous serez étonné de voir tout ce que l'on peut faire avec du cristal, du corail, du bronze, des pierres semi-précieuses, de la corde, des coquillages... Vous retrouverez leurs bijoux dans plusieurs magasins de la ville consacrés à la mode flamenca comme Lina ou Modas Muñoz (p. 102) et au Corte Inglés (p. 31).

Pour les hommes

La gent masculine pourra s'adonner sans retenue à la pratique du lèche-vitrine, car Séville regorge de boutiques pour elle. De l'élégance classique au look ultra-branché, celles-ci offrent un panel très large des derniers cris de la mode nationale et internationale. Le style urbain moderne, très répandu, n'exclut pas la confection plus traditionnelle et les valeurs sûres de l'élégance andalouse.

CLASSIQUE

Lopez Complementos

C. Alcaicería de la Loza, 5 (H7)
☎ 954 22 75 20
www.lopez-complementos.com
Lun.-sam. 10h-14h et 17h-21h.

Chez Lopez Complementos, on trouve des vêtements à l'élégance classique et décontractée ainsi que tous les petits accessoires indispensables dont raffolent les gentlemen espagnols. Polos, pantalons à pinces aux couleurs flashy, chemises rayées ou unies (de 24 à 40 €), caleçons de bain, cravates, sacoches en cuir, bracelets en cuir et en argent, bretelles, boutons de manchettes en soie et ceintures en cuir. Tout est *made in Spain* et évidemment très coloré.

Adolfo Domínguez

C. Puente y Pellón, 11 (G7)
☎ 954 21 95 57
www.adolfodominguez.com
Lun.-sam. 10h-21h
(f. lun.-jeu. 14h-17h en été).

« Le classique est à l'avant-garde », nous dit ce créateur galicien. Voici en effet un autre exemple du style espagnol élégant et classique. Adolfo Domínguez s'occupe d'habiller aussi bien les femmes que les hommes. Il faudra débourser autour de 100 € pour une chemise homme à la coupe impeccable.

El Caballo

C. Adriano, 16 (I8)
☎ 955 12 55 02
www.elcaballo.com
Lun.-ven. 10h30-14h30 et 17h30-21h, sam. 11h-21h, dim. 12h-20h.

Fondée en 1892, cette marque se spécialisa d'abord dans l'équitation. Aujourd'hui, la gamme s'est élargie, avec des vêtements pour hommes (polo 48 €, chemise 90 €) et pour femmes ainsi qu'une belle sélection d'accessoires en cuir : bottes cavalières, ceintures, portefeuilles… Un succès grandissant qui a permis l'ouverture de boutiques dans toute l'Espagne.

ʌenco

. Chicarreros, 9 (H7)
☎ 955 19 19 03
un.-sam. 10h-14h et 17h30-21h
f. sam. ap.-m. en été).

a charmante échoppe de ʌané Navarro est remplie 'accessoires au parfum *dolce ita*. Nœuds pap' et cravates aux mprimés originaux (autour de 0 €), chaussettes soyeuses, aleçons de bain *British* pour ne silhouette rétro à la James ond, sandales et ceintures n cuir, sympathiques bérets n tissu et bijoux de créateurs ndalous. Côté vêtements, des estes chic décontractées et des hemises parfaitement coupées.

BRANCHÉ

Mardi Gras

:. Amor de Dios, 4 (G7)
☎ 954 90 50 41
.un.-ven. 10h30-14h
:t 17h30-21h, sam. 11h-14h30
:t 17h30-21h.

Mardi Gras surfe sur la mode eune et urbaine avec un grand choix de tee-shirts et de vestes de jogging à l'effigie de groupes, de films et d'icônes de la culture pop, de Goldorak aux Beatles en passant par Clint Eastwood et Joy Division (15 €). Côté accessoires, des sacs et besaces au goût vintage, des casquettes Pac-Man, des badges et des porte-clés Playmobil. Sans oublier le grand choix de vinyles rock, électro ou flamenco, les posters (8 €), robots en fer et autres mugs pour faire de petits cadeaux.

Ropero

C. Feria, 37C (B3)
☎ 954 04 40 37
Lun.-sam. 10h30-14h et 18h-21h
(f. sam. ap.-m. en été).

Voilà l'une des rares friperies de Séville où vous pourrez faire de bonnes affaires et dénicher des articles kitsch. À vous les chemises hawaïennes ou *seventies* en Lycra à 10 €, les vestes en cuir à peine fatiguées (autour de 40 €), les vestes de jogging à bandes et les jeans Levi's ou Diskies à 18 €. On trouve des tee-shirts neufs de groupes de rock à 12-15 € et des vinyles d'occasion à partir de 1 €. Et pour les filles, des robes à 15-20 €.

Subterraneo Shop

C. Javier Lasso de la Vega, 12 (G7)
☎ 954 21 04 49
www.subterraneoshop.es
Lun.-sam. 11h-14h et 17h-21h
(17h30-21h30 en été).

Un stock street-style tout droit sorti d'une échoppe new-yorkaise. C'est ce que propose la seule boutique de la ville dédiée à la mode hip-hop : sneakers, tee-shirts graphiques (de 20 à 35 €), bermudas en jean… de marques connues, pointues ou de création locale. Seul point de vente pour les concerts et fêtes hip-hop, on y déniche aussi des albums de la scène locale. Pablo, le proprio, vous renseignera avec plaisir.

La mode équitable : Verde Moscú

Dans la très branchée calle Regina, Verde Moscú joue la carte du commerce équitable et du développement durable. Sur les portants, la petite sélection de vêtements pour garçons (chemises et marinières très sympas !) et pour filles est garantie 100 % en fibres naturelles. Aux côtés de marques comme People Tree ou Natural World pour les chaussures, on trouvera des pièces uniques de créateurs locaux : sacs, bijoux. Prix à partir de 25 €.

C. Regina, 17 (C3) – ☎ 954 04 55 12
www.verdemoscu.eu
Lun.-sam. 10h30-14h et 17h30-21h (f. sam. ap.-m. juin-sept.).

Pour les enfants

Plus que le reste de l'Espagne, l'Andalousie a conservé l'habitude de gâter ses petits. Boutiques de mode folklorique spécialisées, lignes de vêtements haute couture… rien n'est trop beau pour ces chérubins. Ils sont accueillis dans les magasins comme chez eux et rien n'est laissé au hasard pour contenter leurs exigences. Le résultat est là : on trouve à Séville une quantité ahurissante de magasins qui leur sont consacrés et qui redoublent d'effort pour les attirer… eux et leurs parents.

Pérez Francés

C. Francos, 7 (H7)
☎ 954 21 86 30
Lun.-sam. 10h30-13h30 et 17h-20h30 ; f. 2de quinzaine d'août.

Le raffinement et la qualité sont les maîtres mots de cette adresse consacrée à l'habillement du nourrisson, des fillettes (robes autour de 70 €) et des garçons jusqu'à 8 ans. Les robes assorties de leur calotte, portées traditionnellement par bébé à la sortie de l'hôpital, sont tout simplement irrésistibles, et on ne peut que succomber à la douceur des couvertures tricotées, ornées de dentelle d'une finesse inouïe. Toute une gamme d'accessoires malins, de jouets et de doudous est aussi à découvrir.

Imaginarium

C. Tetuan, 22 (H7)
☎ 954 21 15 29
Lun.-sam. 10h-21h.

Certes, on trouve aujourd'hui des magasins Imaginarium partout dans le monde, mais ce haut lieu du divertissement espagnol peut vous sortir de l'embarras si votre bambin en a marre des magasins pour les grands. L'agréable boutique

vec son patio lumineux
egorge de jouets, jeux
ducatifs, livres, objets déco,
oupons et doudous…
oilà de quoi assouvir toutes
es envies de vos amours en
ulottes courtes !

lor y Pondio

. Santillana, 1 bajo (G6)
☎ 954 22 02 36
www.florypondio.com
un.-ven. 10h-14h
t 17h-20h30, sam. 10h-14h.

our changer des classiques spagnols très sages, aites un saut chez Flor Pondio, où la mode (0-6 ans) st bien plus rigolote. es vêtements de créateurs évillans ou issus du commerce quitable se chargent de ouleurs et d'imprimés un (autour de 20-30 €) : arboteuses et tee-shirts unkys, adorables chaussons n tissu, robes brodées… ans oublier les jouets timulants et tous les ccessoires malins pour faciliter la vie de papa et maman avec bébé.

Les rois de la fête

Pas question de faillir à la coutume : les enfants eux aussi seront tirés à quatre épingles lors des grandes occasions. Ne soyez pas étonné non plus s'ils sont habillés sur leur trente et un le dimanche : rien de plus normal. Cela vous semblera peut-être un peu kitsch, mais c'est pour cette raison que le quartier du centre, celui de Triana ou le pourtour de la place de la Alfalfa sont parsemés de boutiques spécialisées dans les chaussures et accessoires de fête.

Bam Bam

C. Cuna, 16 (G7)
☎ 954 22 00 98
Lun.-sam. 10h-14h
et 17h-20h30
(f. sam. ap.-m. en juil.) ;
f. 2 sem. en août.

Dans un bel espace immaculé, Bam Bam a compilé toute une ribambelle d'accessoires malins, d'objets déco rigolos et de mobilier infantile qui allient le beau et le fonctionnel : bavoirs biodégradables, doudous flanqués d'étiquettes à sucer, bracelets pour se rappeler l'heure des tétées, stickers pour les murs, veilleuses amusantes, superbes lits en bois au design scandinave, berceaux pliables et légers à emmener partout, vêtements colorés (robe de 60 à 70 €) et bien d'autres curiosités !

Calzados Catedral

Av. Constitución, 20 (I7)
☎ 954 22 19 00
Lun.-sam. 10h-20h30.

Cette maison compte des années d'expérience et cinq magasins à Séville… Pour chausser les petits pieds lors de mariages ou de communions, elle propose des souliers très élégants : escarpins pour les fillettes et mocassins pour les garçons. Plus faciles à porter au quotidien, des petites ballerines mignonnes (de 29 à 39 €) ou des brodequins qui prennent bien la cheville attireront le regard des parents pragmatiques.

Los Reyes Magos

C. Cuna, 18 (G7)
☎ 954 22 60 88
Lun.-sam. 10h-14h et 17h-21h.

Dans le centre de Séville, les magasins de jouets sont bien plus rares que les boutiques de vêtements. Heureusement, cela fait plus de soixante ans que la même famille se consacre à faire pétiller de joie les yeux des bambins. La boutique a quelque chose d'un peu désuet, mais vous y trouverez toutes les poupées espagnoles, des petites *Barriguitas* (8-9 €) aux célèbres *Nenuco* très classiques en passant par les *Nenote*, et même des robes flamencas pour Barbie ! Pour les garçons, costumes de toreros ou tambourins et trompettes pour imiter les *bandas* de la Semaine sainte.

Design et déco

À bas plastique et Formica ! À Séville, vive les azulejos, les céramiques et les sculptures religieuses à relooker et à intégrer à votre intérieur ! Mais que cela ne vous frustre pas dans votre engouement pour les objets modernes ou carrément design. Quant aux adeptes du rétro, sachez que Séville aussi a succombé au grand retour du vintage.

Wabi Sabi Shop & Gallery

C. Viriato, 9 (C3)
☎ 954 21 40 65
Facebook : Wabi Sabi Shop & Gallery
Lun.-ven. 10h30-14h et 17h-21h, sam. 10h30-14h (f. sam. juil.-août).

L'expression japonaise *wabi sabi* (« beauté de l'imperfection ») résume bien la philosophie de cette fabuleuse boutique et galerie d'art contemporain : des pièces uniques, du fait main, du neuf, du vintage, du customisé, de l'atypique et beaucoup de poésie ! Meubles, vaisselle, lampes, objets déco flirtent avec des œuvres d'artistes locaux, des bijoux et vêtements de créateurs ou issus du commerce équitable, et autres fanzines underground. Un vrai bouillon créatif !

Antik

C. Alfalfa, 7-9 (H6)
☎ 954 22 20 14
Lun.-sam. 10h30-14h et 17h-20h30 (17h30-21h en été, f. sam. ap.-m.) ; f. en août.

Cette petite caverne d'Ali Baba renferme de véritables trésors de décoration que la propriétaire, Ana, glane ici et là lors de ses voyages à travers le monde. De superbes textiles neufs ou anciens d'Asie centrale (à partir de 19 € le mètre) s'affichent aux côtés de bijoux ethniques anciens ou contemporains, de somptueux *mantones*, ainsi que de tapis et de lampes dénichés dans des contrées éloignées et exotiques.

La Importadora

C. Pérez Galdós, 2 (G6)
☎ 954 56 18 29
Facebook : La Importadora
Lun.-sam. 11h-14h et 17h30-20h30.

Un séduisant concept-store, mi-boutique, mi-galerie, qui comblera les amoureux d'art, de mode et de déco. Objets vintage ou neufs d'ici ou d'ailleurs se mêlent avec réussite : meubles rétro revisités et repeints dans es couleurs pimpantes, euvres d'art originales 'artistes sévillans, lampes 'atelier, vases exotiques, nais aussi vêtements e créateurs pour hommes et emmes (prix de 40 à 100 €), haussures, sacs et bijoux.

amarca

Regina, 14 (C3)
954 22 21 78
un.-sam. 10h30-14h
17h-21h ; f. 2 sem. en août.

amarca est un bric-à-brac omme on les aime, rempli de ibelots en tout genre pour maison, où l'on est sûr de e faire plaisir : téléphones intage, boîtes en fer peint 0 €), poupées russes, anternes arabes, presse-apiers en verre renfermant es images botaniques, atuettes d'animaux, annequins en fer, théières ponaises, petits carnets irly et coussins pop offrent n choix des plus éclectiques.

aralampara

Jesús del Gran Poder, 17 (C3)
954 37 22 88
ww.paralampara.es
un.-sam. matin 10h-13h30
17h-20h30 ; f. en août.

ette boutique traditionnelle st spécialisée dans les ıminaires en verre issus es verreries d'Andalousie, e Catalogne et de Valence. oules pop, tulipes Art ouveau (autour de 10 €) et afonniers Art déco qui ornent s bars sévillans, voilà de uoi électriser les adeptes de déco rétro ! Verres moulés, érigraphiés, Tiffany, opaques u transparents et opalines intage, le choix est varié. n y trouve aussi lampes à étrole et étuis à bougie des *asos* de la Semaine sainte.

C42 Retro Design

C. Correduría, 42 (B3)
☎ 955 29 53 81
Lun.-sam. 10h-14h
et 17h30-20h30 (f. sam. en été) ;
f. 2 sem. en août.

La boutique est spécialisée dans les meubles des années 1950 à 1970. Outre les tables, chaises, fauteuils, consoles et autres buffets *old school*, on trouve parfois quelques objets, pièces de verreries décoratives et lampes bien rétro (de 30 à 50 €). Dans l'atelier au fond de la boutique, on restaure d'anciens azulejos.

Julián López

C. O'Donnell, 23 (G8)
☎ 954 50 27 43
Lun.-sam. 10h-13h30
et 16h30-20h30
(17h-21h juin-sept.).

Les couturières ne manqueront pour rien au monde ce temple du tissu installé dans une superbe demeure sévillane. Les étoffes pour la confection et l'ameublement sont réparties dans le vaste patio lumineux et sur les trois étages. Les Sévillanes s'y arrachent les fameux tissus à pois pour se tailler une robe de flamenco sur mesure (à partir de 5 € le mètre). Le rayon mercerie, avec sa myriade de boutons et de rubans, est très bien fourni.

Muva

C. Zaragoza, 1 (H8)
☎ 954 22 90 15
Lun.-ven. 10h30-14h et 17h30-20h30 (18h-21h en été),
sam. 11h-14h ; f. en août.

Les vieilles commodes d'Indonésie se mêlent aux meubles d'inspiration française, aux lampes au design très actuel, aux superbes tissus espagnols et aux irrésistibles boîtes en métal ciselé d'Indonésie (de 27 à 32 €). Moderne, colonial, classique... un mélange des styles particulièrement réussi !

Le patio des artisans : Rompemoldes

Rompemoldes ou la version contemporaine du quartier des artisans ! À la manière des anciennes maisons de voisinage, les habitants de cette construction moderne partagent un patio central avec des artisans que l'on peut rencontrer dans leurs ateliers : luthier, sculpteur sur métal, restaurateur d'œuvres d'art, céramistes, artistes graphiques, créateurs de bijoux ou de mode. La Comunidad de la lana est spécialisée dans les couvertures traditionnelles andalouses.

C. San Luis, 70 (B2) – www.rompemoldes.com
Lun.-ven. 10h-14h et 17h-20h30, sam. 10h-14h (horaires variables selon artisans).

Céramiques et azulejos

De Triana ou de la Cartuja, arabe, andalouse ou design, la céramique sévillane vous réserve plus d'une surprise. Vous aurez encore parfois l'occasion d'observer le travail de ces artisans qui font appel à un savoir-faire ancestral et dont l'objet fini pourra orner des intérieurs très contemporains. Voilà bien un art qui a su s'adapter aux exigences les plus modernes de la décoration, pour le plus grand plaisir de tous.

A. González

C. San Jorge, 17 (D4)
☎ 954 34 45 64
www.ceramica-agonzalez.com
Lun.-ven. 10h-14h et 18h-21h (17h-20h30 oct.-mai), sam. 10h-14h (f. sam. en août).

Antonio González Sánchez a officié pendant une vingtaine d'années à la célèbre fabrique Montalbán en tant que peintre, avant d'ouvrir sa propre fabrique de céramique décorative. Dans sa boutique d'exposition, un grand choix d'azulejos peints à la main reproduisant des motifs anciens (médiéval, baroque…) dans des couleurs éclatantes (à partir de 1-5 € selon le dessin). Souvenir 100 % local, les carreaux avec numéros et lettres typiques des rues sévillanes.

Sevillarte

C. Gloria, 5 (I6)
☎ 954 21 88 35
www.sevillarte.com
T. l. j. 10h-18h (f. l'ap.-m. en août) ; f. janv.-fév.

Dans cette boutique de renom, deux styles s'opposent : les céramiques contemporaines très colorées à la Mondrian et les céramiques d'inspiration mudéjare, stylisées à l'extrême et surchargées des motifs végétaux typiques de l'art musulman. Les plats et assiettes de faïence bleue sur fond blanc seront moins utiles que décoratifs et pourront égayer les murs de votre cuisine. Si on trouve des reproductions d'azulejos de 6 à 48 €, les prix sont bien plus élevés pour les originaux ou les créations d'auteurs.

l Azulejo

. Mateos Gago, 10 (I6)
☎ 954 22 00 85
un.-sam. 9h30-20h,
im. 11h-14h.

orte d'une expérience de plus e trente ans, cette maison amiliale crée de la céramique évillane traditionnelle ans ses différents styles aractéristiques : mudéjar, enaissance… Les étagères ébordent de pièces uniques eintes à la main et riches n polychromie : articles de aisselle, cruches, bougeoirs, 'oches en forme de petites onnes femmes (de 9 à 15 €)… etez aussi un œil aux éventails n bois peint (de 10 à 200 €) : ils nt une très bonne finition.

Cerámica Beatriz

. Antillano Campos, 10 (D4)
☎ 954 33 35 99
un.-ven. 10h-14h
t 17h-20h, sam. 9h-13h
él. avant).

errière cette jolie façade éobaroque, aux grilles peintes en vert, se cache la seule boutique-atelier de céramique où tout ce qui est exposé est fabriqué exclusivement à Triana. Cette affaire de famille assure un travail à la main, de la conception à la finition, et propose un tas d'accessoires pour la maison, des plaques décoratives, des azulejos, des déversoirs à fontaine (petits à partir de 3 €) ainsi que des sculptures.

Las Moradas

C. Rodrigo Caro, 20
(*esquina* plaza Doña Elvira ; I6)
☎ 954 22 85 68
http://lasmoradas-sevilla.blogspot.fr
T. l. j. 11h-20h (21h en été).

Cachée dans une ruelle de Santa Cruz, cette jolie boutique est spécialisée dans l'artisanat andalou et *andalusí*. Si vous trouvez la céramique sévillane un peu trop chargée, vous serez séduit par ces céramiques de Grenade d'inspiration arabo-andalouse, habillées de fines

arabesques aux tons très doux (petites boîtes autour de 30 €). Autres idées cadeaux : foulards en soie, éventails en dentelle, *mantones*, bijoux et accessoires en cuir.

Artesanía Alfaro

Plaza Alfaro, 2B (I6)
☎ 954 21 06 90
www.artesaniaalfaro.es
T. l. j. 11h-15h et 16h-19h
(20h sam.) ; f. en janv.

Besoin d'égayer votre intérieur ? Ici, la céramique s'entasse dans une explosion de couleurs et de motifs naïfs, qui insufflent de la fantaisie et surtout beaucoup d'originalité à la colonie de bougeoirs, de vases, de pieds de lampe et de vaisselle (bol 7,50 €). Des pièces uniques mais, il faut bien l'avouer, pas toujours du meilleur goût.

Le bleu Triana

La tradition de l'azulejo est restée vivace dans le quartier de Triana. Ce dernier regorge de belles boutiques de poteries et céramiques où l'on déniche encore le fameux « bleu Triana ». Parcourez les rues San Jorge, Alfarería et la petite rue pavée d'Antillano Campos… et vous verrez partout cette couleur si caractéristique (voir le quartier des potiers et de la céramique p. 35).

Antiquités et curiosités

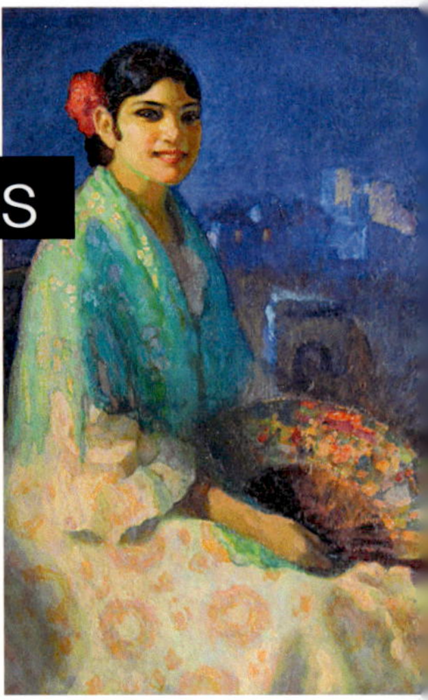

Les amoureux de pièces d'antiquité trouveront sans mal des boutiques spécialisées dans le centre, aux alentours de la place de la Alfalfa et vers la rue Cabeza del Rey Don Pedro. Les antiquaires sévillans feront le bonheur des collectionneurs et chineurs en vadrouille, à la recherche de l'objet rare ou original.

Montano Piranesi

C. Trajano, 52 (B3)
☎ 954 38 17 03 ou
☎ 655 49 14 07
Lun.-sam. 10h-14h et 17h-20h30 (horaires aléatoires, tél. avant).

Amoureux des objets religieux, cet antiquaire glane en Espagne et au Portugal de véritables curiosités. Dans ses vitrines s'amoncellent mille et un petits trésors : éventails, médailles, bijoux, porcelaines et autres poupées anciennes. Parmi les meubles d'époque, statues de la Vierge, horloges, costumes anciens et *mantones,* on trouve des pièces à des prix (affichés !) très abordables.

Almoneda del Rey

C. Muñoz y Pabón, 13 (H6)
☎ 610 50 30 77
Lun.-sam. matin 10h30-14h et 18h-21h ; f. en août.

Face à face dans la rue Muñoz y Pabón, les deux vitrines de cet antiquaire regorgent de pièces d'exception et de curiosités. Peintures et céramiques ndalouses, porcelaines ançaises, bustes italiens, tatues religieuses, lustres Art ouveau, chinoiseries, jouets en er peint et têtes de mannequins ollywoodiens se côtoient ici ans un esprit poétique et uelque peu éclectique.

aurel Antigüedades

. Alfalfa, 3 (H6)
☎ 954 27 23 58
un.-sam. 10h-14h et 17h-20h30 ; 2 sem. en août.

y a une mine d'objets délicats piocher dans ces vitrines : ijoux anciens en corail spécialité de la maison), ventails brodés, sacs en mailles le fer des années 1920, peignes n écaille, sets de toilette ou le manucure de nos grands-mères... Une bonne adresse galement pour les textiles nciens : *mantones,* robes le baptême, bonnets brodés...

Antigüedades Lola Ortega

Plaza del Cabildo, 5 (I7)
☎ 954 21 87 71
www.lolaortega.es
Lun.-ven. 10h-14h30 et 17h-20h30, sam. 10h-14h.

Voilà un bon prétexte pour découvrir la spectaculaire plaza del Cabildo ! Passionnée par les antiquités sévillanes, la famille Ortega déniche depuis les années 1920 de superbes bijoux, éventails, mantilles, peintures, céramiques, sculptures, porcelaines de Chine, horloges, reliques... et objets judaïques, une rareté à Séville ! Côté prix, il y a de tout, du très cher à l'abordable.

Nostalgia

C. San Eloy, 17 (G8)
☎ 674 08 05 09 ou
☎ 645 03 56 37
www.nostalgiaretrotienda.com
Lun.-sam. matin 10h30-14h et 17h30-20h30.

À mi-chemin entre la brocante et la boutique d'occasion, un bric-à-brac poussiéreux où s'entassent pêle-mêle voitures de collection, souvenirs de l'Expo'92 ou du mondial 1982 de football en Espagne, robes flamencas de seconde main (à partir de 25 €), surplus militaires, produits dérivés Coca-Cola, tableaux kitsch, consoles de jeux vidéo, boîtes en fer illustrées et poupées *Barriguitas.* De quoi faire des trouvailles si on aime fouiller...

El Museo

Plaza del Museo, 4 (G8)
☎ 954 56 01 28
www.antiguedadeselmuseo.com
Lun.-ven. 10h-13h30 et 17h-20h30 (17h30-21h en été), sam. 10h-14h (f. sam. en juil.-août).

Spécialiste de peinture sévillane et andalouse du XIXe s., cet antiquaire est une référence : on trouve chez lui des œuvres d'artistes exposés au musée des Beaux-Arts voisin ! Outre les peintures religieuses, les œuvres romantiques et « costumbristes » (courant régionaliste de 1860 à 1900) offrent de délicieux clichés de Séville, des danseuses de flamenco aux scènes taurines. Et dans les vitrines, de superbes bijoux Art nouveau, Art déco...

Populart

Pasaje de Vila, 4 (I6)
☎ 954 22 94 44
T. l. j. sf dim. ap.-m. 10h-15h et 17h-21h30.

Spécialisé dans la céramique ancienne, cet antiquaire réputé déniche ses trésors dans les belles demeures de Séville. Parmi les azulejos (à partir de 9 €), certaines pièces, très rares, datent du XVIe s. ! Pots, cruches, vases, assiettes et jarres envahissent la boutique, mais rien ne vous empêche de jeter un œil aux livres, gravures, peintures et ex-voto.

Des affiches rétro : Félix Cartelismo

Cette étroite et curieuse boutique est spécialisée dans les affiches et cartes anciennes. Çà et là sont épinglés posters, affiches publicitaires, affiches de corridas et des fêtes du printemps, photos de lieux connus de Séville... Une affiche vintage de la Feria peut atteindre plusieurs centaines d'euros, mais vous pourrez vous faire plaisir avec une reproduction petit format à partir de 6 € ou version carte postale à partir de 0,50 €. Une adresse pour les collectionneurs qui cherchent la perle rare.

Av. de la Constitución, 26 (I7)
☎ 954 21 80 26 – www.poster-felix.com
Lun.-ven. 10h-15h et 17h-20h, sam.-dim. 10h30-14h (f. sam.-dim. en août).

Puces et marchés

Les marchés en plein air *(mercadillos)* investissent régulièrement les places aérées et fleuries si nombreuses dans la ville… Ils fournissent bien sûr un autre prétexte aux Sévillans pour se rassembler et se promener. Dans chaque quartier, les marchés alimentaires couverts *(mercados de abastos)* se disputent les meilleures spécialités locales gastronomiques. Un véritable concentré d'ambiance sévillane !

MERCADILLOS

El Jueves

C. Feria (B3)
Jeu. matin.

Dans le quartier de la Macarena, El Jueves est le plus traditionnel mais aussi le plus ancien marché de Séville (XIVe s.). Les amateurs de curiosités et de vieilleries en tout genre trouveront leur bonheur parmi les antiquités, tableaux, vêtements traditionnels, estampes et vieilles cartes postales… Venez tôt pour dégoter les pièces les plus intéressantes.

Regina Market

C. Regina, Viriato et Jerónimo Hernández y Amparo (C3)
Facebook : Regina Market
2e sam. de chaque mois sf juil.-août 11h-14h30.

Dans la petite rue créative et bohème, c'est le grand déballage une fois par mois. Les commerçants sortent leurs produits sur le trottoir et proposent à cette occasion des créations exclusives, des promotions et des dégustations de gourmandises. Fringues branchées, bijoux, objets déco et livres sur les étals !

Mercadillo Filatélico

Plaza del Cabildo (I7)
Dim. matin.

La ravissante petite place blottie derrière l'avenue de la Constitución accueille un marché spécialisé destiné aux collectionneurs de timbres et de pièces de monnaie. Dans une ambiance conviviale, on achète, on vend, on échange… Les philatélistes feront des trouvailles inestimables.

aseo del Arte

aseo de Nuestra Señora e la O (D4)
ntrée par le callejón de la nquisición, c. Castilla
aseo-del-arte.blogspot.com.es
am.-dim. 8h-14h.

e petit marché d'art et 'artisanat fleurit chaque veek-end au bord du uadalquivir à Triana. Dans les tands, des peintures, des éramiques, des sculptures t surtout du 100 % *hecho mano* (fait main) !

Mercadillo le los Hippies

laza Duque le la Victoria (G8)
eu.-sam. 10h-21h.

.'esprit baba cool est au rendez-ous parmi ces articles de mode enus des quatre coins du nonde. On y trouve des bijoux antaisie ou en argent, des oulards, des écharpes, des tee-hirts et des lainages péruviens.

Rastro Charco de la Pava

Av. Carlos III (HP par A5)
Sam. matin.

Tout se vend et s'achète dans ce narché populaire de la Cartuja. Entre le marché aux puces et e marché traditionnel, on y va pour l'ambiance et pour faire de véritables affaires : vêtements, chaussures, gourmandises, meubles, tissus, petite brocante et babioles en tout genre pour quelques euros.

Mais aussi

- **El Postigo** p. 21 (artisanat et céramiques)
- **Mercadillo de Pintura** p. 31 (marché d'art)
- **Mercado del Arenal** p. 21 (marché alimentaire).

Mercadillo de Animales

Av. de Torneo (B4)
Dim. matin.

L'ancien marché aux animaux de la plaza de Alfalfa a migré sur les rives du Guadalquivir. On s'y promène en famille pour observer toutes sortes d'animaux de compagnie : oiseaux, chats, chiens, poissons, serpents, lézards...

Mercadillo del Parque Alcosa

C. Taïwan, esplanade du Parque Alcosa (HP par C1)
Bus 28
Dim. matin.

Connu comme le marché des Gitans, le plus grand marché de Séville déballe son bric-à-brac sur une vaste esplanade au nord-est du centre-ville (direction aéroport) : objets anciens, babioles en plastique, meubles kitsch, vêtements, chaussures, accessoires...

MERCADOS

Mercado Feria

C. Feria (B3)
Lun.-sam. 8h-15h.

À l'ombre de l'église Omnium Sanctorum, les vieilles halles de la calle Feria abritent le plus ancien et le plus charmant marché alimentaire de Séville. Après un petit tour entre les petites échoppes remplies de bons produits, passage obligatoire à La Cantina pour commander une portion de poisson grillé *a la plancha* accompagné d'une *cerveza* bien fraîche !

Mercado de Triana

Plaza Altozano (D4)
- **Marché : lun.-sam. 8h-14h**
- **Restauration : t. l. j. 11h-17h (minuit ven.-sam.).**

Le marché couvert de Triana est très animé tout au long de la semaine, en particulier le mardi pour la criée aux poissons. Outre ses produits locaux (jambons, huiles d'olive, fromages...), il réserve des surprises comme la micro-brasserie Taïfa (p. 101), le théâtre Casala et ses spectacles de flamenco à l'heure du déjeuner (p. 120) ou l'Ostrería (nº 61), un stand à huîtres et à sushis !

Boutiques gourmandes

Séville a conservé de vieilles épiceries fines *(tiendas de ultramarinos)* où l'on fait ses emplettes comme autrefois de bons produits andalous. Pour goûter avant d'acheter, poussez la porte d'une *abacería*, une épicerie spécialisée dans la vente de fromages, de charcuterie et de conserves, offrant la possibilité de déguster des petites tapas sur place. Les sucreries de couvents comptent aussi parmi les grandes spécialités sévillanes à ne pas manquer (voir encadré p. 107).

Botellas y Latas

C. Regina, 15 (C3)
☎ 954 29 31 22
Lun.-ven. 10h-14h et 17h30-21h, sam. 10h-14h30 ; f. en août.

L'épicerie fine de Carlos Calzada est un petit paradis pour gourmets ! On y fait le plein de saveurs andalouses : conserves (thon à l'escabèche, œufs de morue, pâté de faisan ou de perdrix, *lomo frito*...), bocaux de sauces, pots de confitures, jambon sous vide, biscuits, chorizo, chips, fromages. L'adresse est aussi recommandée pour dénicher de bons vins espagnols. Juste à côté, Carlos a ouvert la boulangerie Panacea : viennoiseries, pains spéciaux, gâteaux et parts de pizza.

Flores

C. San Pablo, 24 (C4)
☎ 954 21 61 60
T. l. j. 9h-minuit (dim. matin ou soir).

Une épicerie moderne spécialisée dans la charcuterie ibérique haut de gamme et les fromages (une cinquantaine !). Les vins locaux (à partir de 9 € la bouteille) côtoient le fin du fin des huiles d'olive et vinaigres de Jerez que vient compléter un choix de conserves (anchois, sardines, caviar...) et de bocaux (asperges, confitures...). Pour les petits creux, tapas et sandwichs préparés avec les produits de la maison.

Tejas Dulces de Sevilla

Plaza Jesús de la Pasión (plaza del Pan), 13 (H7)
☎ 955 28 27 62
www.tejasdulces.com
Lun.-sam. 10h-14h30 et 16h-21h, dim. 10h30-14h30 (f. sam. ap.-m. et dim. en juil.-août).

ıvie d'un petit souvenir ourmand facile à glisser ans la valise ? Ces tuiles aux mandes, à la pistache ou la noix de coco (2,50 € les 0 g) sont à croquer. Le plus, ous pouvez goûtez avant 'acheter ces petites douceurs rtisanales *made in Sevilla*. our les chineurs, petit stock de ases, carafes et verres vintage e l'ancienne verrerie de la inidad, symbole révolu de industrie artisanale sévillane.

:asa Palacios

, Progreso, 7 et c. Porvenir, 4 (F2)
☎ 954 23 11 32
***Tienda* : lun.-ven. 9h-13h30**
t 18h-22h, sam. 10h-15h30
Bar : lun.-ven. 7h30-23h30,
am. 10h-15h30
apas de 2 à 2,50 €.

Dans le coquet barrio d'El orvenir, près du parc María

.uisa, cette épicerie fine existe depuis 1926 et doit a renommée à son *jamón* exquis découpé en tranches ultra-fines et à son *vino tinto* de Valdepeñas. Elle est doublée d'un authentique bar de quartier encore dans son us avec comptoir en acajou, repose-pied en ferronnerie, caisse enregistreuse et horloge curieuse (les lettres à la place des numéros forment le nom du fondateur). Un voyage dans le temps…

La Alacena de San Eloy

C. San Eloy, 31 (G8)
☎ 954 21 55 80
www.laalacenatienda.com
Lun.-sam. 9h30-14h30
et 17h30-20h30.

Un grand choix de jambons ibériques (entiers ou conditionnés en tranches), des sauces, des conserves de moules à l'escabèche ou de filets de *melva*, des bocaux d'asperges ou de pois chiches, des montagnes de fromages, des chorizos, des pâtés de perdrix, du vinaigre de Jerez… La liste des gourmandises andalouses que vous trouverez ici est longue, alors le mieux est d'aller déguster les produits de la boutique dans le bar à tapas d'à côté. Histoire de vous faire une idée…

Casa Moreno

C. Gamazo, 7 (I8)
☎ 954 22 83 15
Lun.-ven. 8h-15h30
et 18h-22h30, sam. 10h-16h ;
f. en août.

Cette petite épicerie au charme désuet est spécialisée dans le *jamón serrano* et le *queso manchego*, fromage de chèvre séché. Vous pourrez aussi faire provision de conserves de produits régionaux… À l'arrière de la boutique, un peu caché, se trouve un bar, fréquenté par les habitants du quartier.

Té & Té

C. Castelar, 2 (B3)
☎ 954 22 24 52
www.teyte.net
Lun.-sam. 10h-14h et 17h-20h30
(f. sam. en août).

Les petites boîtes en fer qui garnissent la boutique renferment des thés savoureux en provenance de Chine, d'Inde, de Corée, du Japon, du Vietnam, de Russie… c'est déjà tout un voyage ! Thés de saison, thés bio, mélanges ou raretés, plus de 220 variétés pour s'enivrer de parfums subtils à l'heure du thé (à partir de 3,50 € les 100 g) et des théières zen ou dodues du monde entier.

Une *cerveza made in Sevilla* : Taïfa

C'est dans le marché de Triana que l'on débusque la seule microbrasserie artisanale de Séville. Naturelles et sans additifs ni conservateurs, les blondes pétillantes aux notes d'agrumes (2,20 € la bouteille de 33 cl), brassées par les deux copains Jacobo et Marcos, peuvent se déguster sur place accompagnées de charcuterie ou de fromage piochés sur les étals du marché. Le nom Taïfa fait référence aux petits royaumes du temps de l'Andalousie musulmane.

Mercado de Triana, stand n° 36
Plaza del Altozano, s/n (D4)
☎ 692 04 70 45 – http://cervezastaifa.es
Ven.-sam. 12h-17h30 et 20h-minuit, dim. 12h-17h.

Flamenco

Si vous avez toujours rêvé d'enfiler une robe à volants ou de taquiner une authentique guitare flamenca, c'est le moment ! Toujours prête à chanter et à danser, Séville regorge de boutiques consacrées à la fête et aux traditions folkloriques, bouillonnantes d'animation à l'approche de la Feria. Accessoires de flamenco ou castagnettes seront autant de souvenirs faciles à glisser dans la valise

ROBES À VOLANTS

Lina

C. Lineros, 17 (H7)
☎ 954 21 24 23
www.linacostura.es
Lun.-ven. 10h-13h30 et 17h-20h30, sam. 10h30-14h et 17h-20h30 (f. sam. ap.-m. en été).

Adresse culte spécialisée dans la confection de robes de flamenco depuis les années 1960, la célèbre maison de couture sévillane a habillé les grands noms du flamenco et réalisé des costumes pour le cinéma et le théâtre. Entre autres clientes célèbres : la reine d'Espagne. À défaut de se ruiner avec un modèle exclusif et sur mesure, on pourra se faire plaisir avec un bijou (à partir de 5 €).

Modas Muñoz

C. Cerrajería, 5 (G7)
☎ 954 22 85 96
www.trajessevillanos.com
Lun.-sam. 10h-13h30 et 17h-20h30.

Outre le grand choix de robes de flamenco à pois et à volants (de 350 à 600 €, 200 € pour fillettes) et de *trajes de corto* pour ces messieurs, Modas Muños est une mine d'accessoires et de bijoux que l'on pourra détourner à l'envi : châles à franges, bijoux en plastique de toutes les couleurs carrément *eighties* (à partir de 10 €), fleurs à nouer dans les cheveux et bijoux romantiques signés Dublos (boucles d'oreilles de 50 à 60 €).

Flamenco y Más

C. San Luis, 116 B (B2)
☎ 954 90 87 07
www.flamencoymas.es
Lun.-ven. 10h-14h et 17h-20h30, sam. 10h-14h.

Tout l'univers du flamenco sous un même toit ! CD de musique andalouse, DVD pour faire ses premiers pas, partitions de guitare, castagnettes à tous les prix (de 19 à 159 €) et *cajones* pour battre le rythme. Côté danse, des robes à volants, jupe d'apprentissage, chaussures pros, châles, bijoux et peignes rétro pour le chignon. Bon plan, on peut y louer un costume pou la Feria à partir de 58 € par jour. Et toujours sur le même thème, des céramiques, tee-shirts, peintures d'artistes locaux…

CHAUSSURES DE DANSE

Menkes

C. Cuna, 20 (G7)
☎ 954 21 63 45
www.menkes.es
Lun.-ven. 10h-13h45 et 17h-20h30

Depuis 1950, cette boutique se consacre aux costumes, chaussures et accessoires de danse (chaussures flamencas à partir de 82 €), du flamenco à la danse de salon en passant par la danse classique et la gym rythmique. Outre les robes de spectacle, vous trouverez des robes et jupes d'apprentissage et vous pourrez commander une paire de chaussures sur mesure. La maison fabrique aussi des chaussures de drag-queen vertigineuses et insensées.

Calzados Mayo

Plaza de la Alfalfa, 2 (H6)
☎ 954 22 55 55
www.calzadosmayo.com
Lun.-sam. 10h30-14h et 17h-20h30 (f. sam. ap.-m. juin-oct.) ; f. en août.

La boutique ne paie pas de mine mais vous êtes chez le grand spécialiste des chaussures de flamenco. Depuis 1940, la maison familiale fabrique à la main des modèles pour danseuses en peaux naturelles,

de toutes les couleurs et pour tous les budgets (de 25 à 140 €), des espadrilles et les fameux *boto* de Valverde pour parcourir le chemin d'El Rocío (de 50 à 100 €).

GUITARES ET CASTAGNETTES

Juan Luis Cayuela

C. Zaragoza, 4 (H8)
☎ 954 22 45 57
www.juanluiscayuela.es
Lun.-ven. 10h-13h30 et 17h-20h30, sam. 10h30-14h (f. sam. en août).

Trois générations de musiciens luthiers ont fait la réputation de cette enseigne sévillane spécialisée dans les guitares classiques et flamencas. Guitares d'étude à partir de 160 € et guitares professionnelles à partir de 540 € ; le prix des modèles et la qualité sonore varient en fonction des essences travaillées (pin, cèdre, cyprès…) et de leur temps de séchage. Les guitares signées Cayuela sont notamment appréciées pour le design spécifique du manche qui offre un toucher particulièrement agréable.

José Luis Postigo

• C. Hernando Colón, 34 (I7)
☎ 954 21 38 15
• C. Mesón del Moro, 12 (I6)
☎ 954 22 78 98
www.guitarraspostigo.com
Lun.-ven. 11h-14h et 17h-20h, sam. 11h-14h30.

Une visite dans cette boutique de guitares classiques sera aussi l'occasion de repartir avec un CD de *sevillanas* ou un récital de guitare flamenca. Le choix n'est pas exhaustif, mais vous êtes sûr de trouver les enregistrements des meilleurs guitaristes de flamenco, de Ramón Montoya à Paco de Lucía. Le lieu appartient au grand guitariste José Luis Postigo et offre une sélection intéressante de guitares neuves, anciennes ou d'occasion.

Antonio Bernal

C. Hernando del Pulgar, 20 (HP par D1)
M° Nervión (L1)
☎ 954 58 08 38
www.antoniobernal.com
Lun.-ven. 10h-14h et 17h-20h, sam. 10h-14h ; f. 1re quinzaine d'août, 10h-14h 2de quinzaine.

Cette boutique d'artisanat de guitares de flamenco et classiques démontre les talents des fabricants sévillans. La maison fournit depuis 1950 les guitaristes les plus fameux. Le neveu du prestigieux luthier Valeriano Bernal perpétue aujourd'hui cette tradition familiale.

Des broderies soyeuses

Le savoir-faire et les secrets de la broderie traditionnelle se sont transmis oralement, de génération en génération. Certaines techniques remontent ainsi à plusieurs siècles. Il existe encore quelques villages, comme Lagartera (Toledo) et Almagro (Ciudad Real), qui perpétuent cet art malgré l'industrialisation massive et un savoir en perdition. L'artisanat du textile s'est converti en un objet culturel, en un produit de luxe, mais les tissus brodés à la main constituent toujours l'élément incontournable du trousseau de la future mariée sévillane.

Accessoires traditionnels andalous

Séville excelle dans l'art du fait main. Poussez la porte de ces maisons de haute tradition où les secrets de fabrication sont transmis de génération en génération. L'artisanat flirte ici avec le produit de luxe et se met au service de somptueux *mantones* brodés, éventails en dentelles, mantilles délicates, chapeaux *cordobès* ou petites besaces en cuir de pèlerins... autant d'accessoires intemporels liés aux clichés de la vie sévillane.

CUIR

Lopez Guarnicionería

C. Cuna, 34 (G7)
☎ 954 21 69 23
www.guarnicioneriasevilla.com
Lun.-sam. 10h-13h30 et 17h-20h30.

Dans cette boutique qui fleure bon le cuir et l'expérience, toute une gamme de portefeuilles, ceintures (de type argentin à 25 € ou brodées à 39 €), sacs, mocassins, bottines, bottes cavalières et différents accessoires de fabrication 100 % artisanale. Le cuir et les finitions sont d'excellente qualité, le design se caractérise par une pureté des lignes et une sobriété tout andalouse. La maison propose également tout un assortiment de cravates.

Talabar

C. Santa Teresa, 10 (I6)
☎ 954 22 78 77
T. l. j. 11h-21h (20h30 en hiver).

L'artisanat du cuir a trouvé son enseigne dans cette ruelle du quartier de Santa Cruz. Talabar est une affaire de famille où tout est conçu et fait maison dans la plus pure tradition sévillane : sacs, ceintures, porte-monnaie (env. 18 €), couvertures d'agenda...
Les modèles les plus simples, en cuir brut, ont de très jolies teintes naturelles. Pour plus de fantaisie, certains articles sont un peu plus travaillés avec impression de motifs ou peints à la main. Mais aussi bijoux de créateurs et œuvres d'artistes andalous.

Guarnicionería Angel Gonzalez

C. Adriano, 4 (I8)
☎ 954 21 80 13
Lun.-ven. 10h-14h et 17h30-20h30, sam. 10h-14h.

Fondée en 1927, cette vénérable maison familiale est spécialisée dans le matériel d'équitation et les voitures attelées qui paradent lors de la Feria.
De père en fils, on fabrique de manière artisanale harnais, selles et ornements, ainsi que tout le nécessaire pour le cavalier. Toute la gamme d'accessoires en cuir mérite le coup d'œil : ceintures, sacs, portefeuilles, bottes et mocassins de la plus belle facture. Achetez malin avec ces petits coussins que l'on emporte

vec soi les jours de corrida pour onner un peu de moelleux aux radins (de 9 à 14 €).

SOMBREROS

Sombreros Antonio García

C. Alcaicería de la Loza, 25 (H6)
☎ 954 22 23 20
C. Adriano, 27 (I8)
☎ 954 22 37 52
www.sombrerosgarcia.com
un.-sam. 10h (10h30 sam.)-3h30 et 17h-20h30.

'existence de cette chapellerie raditionnelle remonte à 1847. ransmis de génération en énération, la technique et es outils sont toujours les nêmes ! La star des vitrines st le sombrero traditionnel n poils de lapin (en paille our l'été) parmi des hauts-le-forme (*chisteras* à partir le 74 €), toques de torero *monteras* 82 €), casquettes en weed et capelines à la qualité rréprochable. Les accessoires n cuir (sacs, ceintures, pochettes...) fleurent bon 'Andalousie.

Maquedano

. Sierpes, 40 (H7)
☎ 954 56 47 71
www.maquedano.com
un.-ven. 10h-13h30 et 17h-20h30, sam. 10h-14h ; f. en août.
Le magasin fondé en 1896 est 'endroit idéal pour redécouvrir e traditionnel *sombrero cordobés* (à partir de 60 €). On saura vous conseiller sur la façon dont se porte le nec plus ultra du chapeau espagnol (il y a un protocole pour ne pas passer pour un touriste ignorant !) à moins que vous ne préfériez opter pour un panama, un joli chapeau de paille ou un *trilby* en feutre.

A la Ancha

C. Adriano, 18 (I8)
☎ 954 56 44 14
T. l. j. 10h30-21h.

Depuis 1930, on façonne dans cet atelier les sombreros traditionnels. Fait main et sur mesure, il faut compter une semaine pour fabriquer un sombrero (de 125 à 225 €). On y trouve aussi les authentiques *traje de corto* portés lors de la Feria et du pèlerinage d'El Rocío (de 200 à 350 €), ainsi que des bottes, sacs et ceintures en cuir, bijoux et bretelles.

Les dessous de la mantille

Survivance d'une tradition très ancienne, le port de la mantille n'acquiert une véritable importance qu'au XIXe s. C'est la reine Isabel II, férue de dentelle, qui mit cette coiffure au goût du jour en l'arborant lors des cérémonies. Fixée sur un peigne d'écaille, la mantille se porte noire lors des événements funèbres ou solennels comme la Semaine sainte, et blanche les jours de fête et de corrida.

BRODERIES, MANTILLES ET ÉVENTAILS

Artesanía Textil

• C. Sierpes, 70 (H7)
☎ 954 56 28 40
Lun.-ven. 10h-13h30 et 17h-20h, sam. 10h-13h30
• C. García de Vinuesa, 33 (I7)
☎ 954 22 01 25
Lun.-ven. 9h-13h30 et 17h-20h, sam. 10h-13h30
www.artesania-textil.com

Artesanía Textil est une boutique célèbre et luxueuse qui confectionne et restaure depuis plus d'un demi-siècle des broderies faites main, des châles et des mantilles. Pour les broderies sur soie, seules les teintes naturelles sont utilisées. Des broderies de 1900 sont également reconstituées. Ici, la mantille traditionnelle est un accessoire de mode pour compléter la tenue vestimentaire féminine. *Mantones* faits main à partir de 38 €.

Juan Foronda

• C. Sierpes, 33 et 79 (G7/H7)
☎ 954 22 76 61
• C. Tetuán, 28 (H7)
☎ 954 22 60 60
www.juanforonda.com
Lun.-ven. 9h45-13h30 et 16h30-20h30, sam. 10h15-14h et 17h-20h30 (f. sam. ap.-m. juin-sept.).

Fournisseur officiel de mantilles de la maison du roi, Juan Foronda est depuis 1923 le grand nom de la broderie artisanale et ne compte pas moins de 5 boutiques à Séville, appelées Blasfor. La maison est fameuse pour ses spectaculaires *mantones de Manila,* des châles en soie brodés à la main (de 69 à 3 000 €) et propose aussi un grand choix d'éventails, peignes en écaille, bijoux en marcassite et figurines religieuses.

Articles religieux et douceurs de couvents

Toute l'année, Séville vit dans l'attente de la Semaine sainte. En témoigne la myriade de boutiques dédiées aux confréries religieuses ! Parfumées d'encens, ruisselantes de Vierges mystérieuses, de couronnes d'épines et de cierges, ces échoppes en odeur de sainteté vous propulsent dans des temps anciens et sont autant de haltes de curiosité. Dans le secret des couvents, les sœurs recluses s'adonnent, elles, à une activité toute particulière…

Sagra

C. Francos, 33 (H7)
☎ 666 43 52 69
Lun. ap.-m.-sam. matin 10h30-13h30 et 17h30-20h30 ; f. 1 sem. en août.

Séquence nostalgie chez Sagra, qui regorge de petits bibelots raffinés et délicats, anciens ou neufs, avec une prédilection pour les objets religieux. Bustes de Vierge, reliquaires kitsch, crucifix anciens et gravures fanées (à partir de 10 €) se mêlent ici au linge brodé, aux coussins en kilim, aux coffrets en bois, aux flacons précieux et autres bijoux oubliés.

Antigua Casa Rodríguez

C. Alcaicería de la Loza, 10 (H7)
☎ 954 21 24 27
www.antiguacasarodriguez.com
Lun.-ven. 10h-13h30 et 17h-20h30, sam. 10h-13h30.

Pour avoir un avant-goût de Semaine sainte, jetez un œil dans cette échoppe, fondée en 1816, remplie d'encensoirs, de reliquaires et de couronnes d'épines. Le plus ancien fournisseur des confréries sévillanes propose notamment le costume complet des *nazarenos* et tous les accessoires (robes, diadèmes…) pour les statues de l'Enfant Jésus ou de la Vierge. Sur le petit établi, on confectionne les perruques des *imágenes* tant vénérées.

Antigua Cerería del Salvador

Plaza del Salvador, 8 (H7)
☎ 954 22 65 23
www.cereriadelsalvador.es
Lun.-ven. 10h-13h30 et 16h30-20h30, sam. 10h-14h et 17h-20h30 (f. sam. ap.-m. en août).

Depuis 1845, on y vend les cierges qui illuminent les *pasos* lors de la Semaine sainte et les bougies des *nazarenos.* Le parfum d'encens vendu avec son charbon envahit la boutique où s'agglutinent une quantité impressionnante de statuettes religieuses : christs, Vierges, angelots, *nazarenos*, saints et saintes de Séville aux costumes richement ornés (de 3 à 1 000 € pour les grands formats).

:asa Rodriguez

. Francos, 35 (H7)
☎ 954 22 78 42
/ww.casa-rodriguez.es
un.-ven. 10h-13h30 et 17h-
0h30, sam. 10h-14h ; f. en août.

'errière le comptoir en bois
e cette échoppe centenaire
1913), les petites mains de
a famille Rodriguez tissent
es petits chefs-d'œuvre de
assementerie dans la tradition
aroque : cordons, galons,
ompons, glands et étoffes
rodées de fil d'or et d'argent
ui ornent les auvents des
asos de la Semaine sainte.
assementerie décorative
 partir de 4,50 €.

)ado

. Feria, 37 (B3)
☎ 954 38 15 76
/ww.dadohobby.artecofrade.com
un.-ven. 10h-14h et
7h-20h30, sam. 10h-14h.

ne étape incontournable
our les amateurs
'artisanat populaire et
eligieux. Ce magasin est
nvahi par une colonie de
tatuettes en terre cuite
einte à la main (de 5 à 150 €)
t de compositions autour de la
lativité et de la Passion. Si vous
'avez pas l'intention de repartir
vec un christ de la Esperanza,
ne Vierge de la Macarena ou
n groupe de *nazarenos,* vous
ourrez toujours opter pour une
eproduction de la Giralda.

El Torno

Plaza del Cabildo, 2 (I7)
☎ 954 21 91 90
Lun.-ven. 10h-13h30 et 17h-19h30, sam.-dim. 10h30-14h
Pâtisseries autour de 5 €.

Pour la petite histoire, chez El Torno, on ne trouve que des produits confectionnés dans les couvents sévillans : bonbons artisanaux, pâtisseries et douceurs dont seules les sœurs recluses ont le secret. Mais aussi layettes, chapelets en bois de rose, tâte-vin, étoffes de lin, plateaux, corbeilles, etc.

El Mundo Cofrade

C. Jesús del Gran Poder, 5 (C3)
☎ 954 37 18 22
www.mundocofrade.com
Lun.-sam. 10h30-14h et 17h30-21h (20h jeu.), horaires réduits en été.

Cette librairie est consacrée à l'univers des confréries religieuses de Séville. C'est l'adresse pour dénicher un CD des *marchas* lugubres de la Semaine sainte (12 €), un DVD sur les processions extraordinaires de chaque confrérie de la ville, des photos ou cartes postales des *imágenes* (Vierge de la Macarena, de la Esperanza de Triana...), porte-clés kitsch, mini-*pasos* ou statuettes de pénitents.

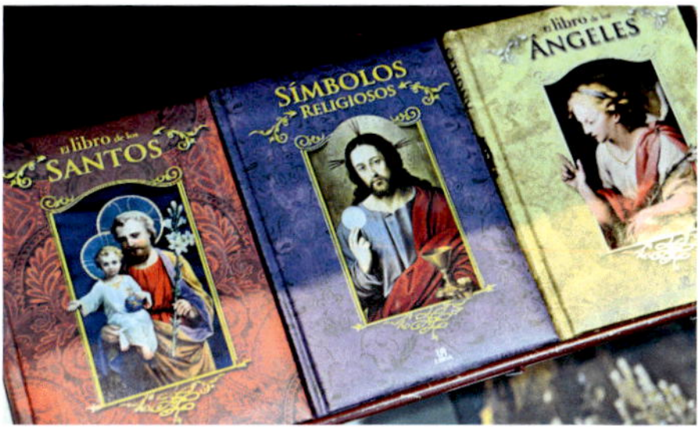

Des religieuses pâtissières

Les nonnes que l'on peut entendre à travers les moulinets *(torno)* des couvents préparent toute une ribambelle de pâtisseries et confiseries. Ces douceurs à base de fruits, amandes, œufs ou vin sont en vente à l'entrée de certains monastères. Sonnez la cloche du *torno* pour commander et sachez qu'au salut d'une religieuse, « Ave María purísima », vous pourrez répondre « Sin pecado concebida ». Voici les spécialités à ne pas manquer : les *yemas* de San Leandro (p. 18), les *bollitos* de Santa Inès (p. 19), les confitures d'abricots de Santa Paula (p. 27) ou les *tortas de polvorón* de San Clemente (p. 29). Vous retrouverez toutes ces gourmandises à la *confíteria* La Campana (p. 15).

Livres et disques

Vous cherchez un ouvrage sur la peinture de Murillo ou sur le mythe de Don Juan ? Une gravure ancienne de Séville ou la BD d'un auteur local ? Ou bien un enregistrement rare de Paco de Lucía, une *marcha* lugubre de la Semaine sainte ou le dernier tube à la mode de pop espagnole ? Pour vous imprégner de culture andalouse, rien ne vaut un détour par les librairies indépendantes et disquaires de Séville (voir aussi p. 107).

LIVRES

Padilla Libros

C. Feria, 4 (B3)
☎ 954 22 46 63
www.padillalibros.com
Lun.-ven. 10h-13h30 et 17h-20h30 (f. l'ap.-m. en juil.-août), sam. 10h-14h .

Poésie, nouvelles, théâtre, contes, biographies, cette librairie indépendante édite des œuvres inédites et réédite des livres anciens. Des copies de gravures anciennes sur les thèmes de la tauromachie, de Séville et de l'Andalousie (de 5 à 20 €) sont imprimées dans l'arrière-boutique. Autres idées cadeaux : une quantité d'ex-libris que l'on peut personnaliser, et des carnets originaux de lecture (avec gravures de *Don Quichotte*), de cuisine, de dessin ou d'écriture.

La Fuga Librerías

C. Conde Torrejón, 4 (B3)
☎ 954 38 23 40
Lun.-ven. 9h30-14h et 17h-21h (18h-21h30 juil.-sept.), sam. 10h30-14h ; f. pdt Semaine sainte et en août.

Voilà une de ces petites librairies underground telles qu'on peut en trouver à Madrid ou Barcelone. Fondée par un collectif de poètes et d'écrivains, on y trouve toute une littérature alternative sur des sujets aussi divers que la politique, le cinéma, la poésie ou la musique. Parmi les revues, illustrés, comics, romans et BD, nul doute que vous dénicherez de petites perles introuvables ailleurs.

Librería Beta Imperial

C. Sierpes, 24 (G7)
☎ 954 29 37 24
www.libreriasbeta.com
Lun.-sam. 10h-21h.

On trouve des librairies Beta un peu partout dans le centre-ville. Celle de la calle Betis abrite le Beta Book Café, bienvenu pour une pause après avoir fait l'inventaire des rayonnages déployés sur trois étages : romans, littérature classique, guides touristiques, ouvrages sur l'histoire de Séville…

Vértice

C. San Fernando, 33 (D3)
☎ 954 21 16 54
www.libreriavertice.com
Lun.-ven. 9h30-14h et 17h-20h30, sam. 10h30-14h.

Cette librairie internationale face à l'université propose une grande sélection de plans, cartes, guides, œuvres littéraires et romans sur Séville, parfaits pour s'imprégner de l'ambiance sévillane. Elle a aussi un très bon fonds de livres étrangers. L'accueil est simple et discret, et vous pourrez consulter les ouvrages sur place en toute tranquillité.

Librería Hojalata

C. Correduría, 5B (B3)
☎ 955 38 54 46
Mar.-sam. 10h30-14h et 17h-21h.

Dans une ancienne pharmacie, un café-librairie de poche dans l'esprit bohème du quartier. Entre livres neufs (art, cinéma, musique, romans graphiques) et bouquins d'occasion, on peut siroter un café et dénicher vinyles (à partir de 3 €), affiches de ciné, sérigraphies d'artistes, mugs ou tee-shirts en édition limitée. Concerts acoustiques ou microthéâtre, il s'y passe souvent quelque chose.

DISQUES

Record Sevilla

C. Amor de Dios, 27 (C3)
☎ 954 38 77 02
Lun.-sam. 10h-14h et 17h-21h.

Ce disquaire de la vieille école déploie bacs à CD et vinyles aux parfums éclectiques. Du classique au heavy metal avec des premiers prix à 1 €, les affaires ne manquent pas. Côté accessoires, tee-shirts (12 €), badges, drapeaux et casquettes à l'effigie de vos groupes préférés.

Don Cecilio

C. Castilla, 47 (D4)
☎ 954 33 33 36
Lun.-ven. 11h-13h30 et 18h-21h ; f. 1 sem. en été.

Spécialisée dans les livres et disques d'occasion, cette boutique vieillotte est encombrée de vinyles, cassettes, affiches de cinéma, comics, revues, romans photos et cartes postales à partir de 1 €… Dans les bacs, on trouve de tout : musique traditionnelle et populaire, tubes américains des années 1960, zarzuelas (opérettes espagnoles) ou *marchas* de processions. Une mine d'or pour qui sait fouiller !

Un Gato en Bicicleta

Repaire d'intellos arty et branchés, « Le Chat à Bicyclette » est une librairie indépendante à la sélection pointue (art, design, architecture, musique, cinéma, poésie, culture urbaine…), truffée de cadeaux sympas (carnets, mugs, bijoux, badges…). C'est aussi une galerie d'art où l'on peut dénicher des œuvres de jeunes artistes sévillans à partir de 30 € et un espace culturel (pièces de théâtre, concerts, lectures). Bref, un lieu dynamique, créatif et plein de surprises !

C. Regina, 8 (C3)
☎ 955 29 56 51
http://ungatoenbicicleta.wix.com/libreria-gato
Lun.-sam. 10h30-14h30 et 17h30-21h30/22h ; f. 1 sem. en août.

Cadeaux et souvenirs

Un conseil, zappez les innombrables bazars à touristes de Santa Cruz et aux abords de la cathédrale, remplis d'horreurs *made in China*. Séville recèle de merveilleuses boutiques, hors des sentiers battus, où dénicher de jolis souvenirs faits main et des cadeaux originaux. Suivez-nous pour une alternative aux babioles folkloriques !

Coco Sevilla

Plaza de Pilatos, 3
(entrée c. Esteban, 21 ; C2)
☎ 657 29 94 70
www.cocosevilla.com
T. l. j. 11h-19h.

Vous cherchez un souvenir local, beau, unique et abordable ? Foncez chez Coco Sevilla, où vous pourrez dénicher un carré de soie peint à la main à partir de 12,50 €, un éventail contemporain, des petits bols en céramique multicolores, des cartes postales rétro de la Feria et des sacs et bijoux de créateurs. Dans la boutique, Didier peint sous vos yeux des petits carreaux de paysages andalous, petites vieilles ou motifs flamencos, et peut personnaliser le vôtre pour seulement 12,50 € !

Le Secret de Carmen

C. Candilejo, 8 (H6)
Facebook : Le secret de Carmen
Lun. 17h-21h, mar.-sam. 11h-16h et 17h30-21h, dim. 11h-15h.

À l'endroit même où Carmen rencontrait ses amants, une délicieuse boutique remplie de souvenirs nostalgiques et poétiques autour de la célèbre Gitane et de la Séville romantique. Artisanat, petites antiquités (azulejos, vaisselle, boîtes en fer illustrées), gravures, affiches d'opéras, vinyles sous cadre, carnets imprimés de vues de Séville ou de danseuses flamencas des années 1920, savons à l'orange (6 €) et livres

ur les mythes locaux : Don
uan, le Barbier de Séville...

Mimbar

. Susona, 7B (I6)
☎ 605 48 57 32
. l. j. sf mar. 10h30-21h.

Une des rares boutiques de
anta Cruz qui fleurent bon
authentique ! On y butine de
avissants souvenirs dans le
tyle *andalusí* ou arabo-andalou
aits main par une famille
d'artisans sévillans : azulejos
très mignons aux motifs de
'Alcázar, sacs (de 50 à 200 €)
et accessoires en cuir (bourses,
vide-poche, étuis à éventail,
main de Fatma...), foulards en
soie naturelle et reproductions
de bijoux anciens dignes d'une
princesse orientale.

El Jardín

C. Francos, 61 (H7)
☎ 954 22 56 53
Mar.-sam. 10h30-20h,
dim. 12h-17h (f. dim. en août).

Ce jardin parfumé (vous êtes chez un fleuriste) recèle d'adorables objets d'artisans sévillans que vous ne trouverez pas ailleurs : céramiques très colorées, poupées flamencas et peluches tricotées rigolotes (20-24 €), éventails peints à la main, savons à la fleur d'oranger, aquarelles sur le thème du flamenco (à partir de 15 €) et poules en fer décoratives. Petits carnets, bijoux en émail ou en fleurs séchées et azulejos seront faciles à glisser dans la valise !

De Triana

C. Pureza, 78 (D4)
☎ 954 27 96 24
www.detriana.com
Lun.-ven. 10h-14h et 17h30-20h30 (18h-21h en août),
sam. 10h-14h.

Casquettes, sacs, vêtements (tee-shirts de 10 à 15 €), écharpes, bavoirs, badges ou gadgets sont autant de supports détournés par de jeunes Trianeros pour rendre hommage à leur quartier chéri. Slogans sympathiques inspirés par les habitants, clins d'œil au club de football Betis, pont de Triana, code postal (41010) ou plaques de rue en azulejos du *barrio* s'affichent fièrement en impressions colorées.

Papelería Pichardo

C. Daóiz, 3 (G7)
☎ 954 38 72 07
www.pichardo.es
Lun.-ven. 9h45-14h
et 17h-20h30, sam. 10h-14h.

Cette boutique un peu désuète est spécialisée dans les articles de fête. Faites-y un saut pour cueillir quelques *farorillas,* les fameux lampions de la Feria (0,30 € pièce), et autres guirlandes de papiers multicolores. Pour faire plaisir aux petits, des masques d'animaux à partir de 0,60 €, des sombreros (1,25 €), des toques de torero (2,50 €) et des farces et attrapes à moins de 1 € !

La Jaboteca

C. Cuna, 9 (G7)
☎ 954 21 36 06
www.lajaboteca.com
Lun.-sam. 10h-14h et 17h-21h
(f. sam. ap.-m. en été).

Une halte pour les adeptes des produits de beauté naturels ! La maison fabrique à Séville même savons, crèmes pour la peau, huiles essentielles, parfums et shampoings. Les pains de savon 100 % naturel ont les arômes de la cannelle, du magnolia, du jasmin ou de la fleur d'oranger (de 3,60 à 4,60 € les 100 g). Divin !

Football Club

C. Francos, 25 (H7)
☎ 954 22 12 22
Lun.-sam. 10h-21h.

Les amateurs du ballon rond se feront plaisir dans la boutique officielle du SFC, avec une multitude d'accessoires et de vêtements aux couleurs rouge et blanc du club : montres, trousses, sacs, drapeaux (15 €), stylos, porte-clés, écharpes, polos, ceintures... Si vous en pincez davantage pour le Real Betis, la boutique officielle se situe au n° 8 de la calle Castelar.

Agua de Azahar Tena : un souvenir *made in Sevilla*

Depuis 1899, la famille Luca de Tena distille de l'eau de fleur d'oranger à partir des oranges amères de Séville. Cette eau aux vertus culinaires et cosmétiques est enfermée dans un joli flacon bleu avec étiquette rétro. Voilà un petit cadeau original et pas cher (autour de 6 €) au doux parfum des *calles* sévillanes. Pour la trouver, rien de plus simple, poussez la porte d'une pharmacie !

L'artisanat sévillan

Séville vit au rythme de fêtes et de traditions qui ont alimenté la conception de superbes accessoires : broderies, éventails, châles, peignes, castagnettes… Mais l'objet le plus répandu, à Séville, est sans conteste la céramique. Sa renommée dépasse les frontières depuis des siècles et est toujours aussi bonne, en particulier dans le barrio de Triana. Faites un saut au Mercado del Postigo (p. 21), vitrine du savoir-faire des artisans sévillans et mine de souvenirs à glisser dans la valise !

Céramiques et azulejos

Hérité de l'époque arabo-andalouse, l'art de la céramique s'affiche partout dans la ville ! Les azulejos, qui jouissaient d'une grande réputation pendant la période d'Al-Andalus (p. 50), forment des mosaïques qui recouvrent les murs et les sols des maisons. De nombreux tableaux de dévotion à la Vierge et aux saints flanquent les murs de la ville. On trouve même, calle Tetuán, une vieille publicité de 1924 composée de 250 azulejos vantant la dernière Studebacker.

Vous dénicherez les fameux carreaux bleus de Triana dans le quartier du même nom, où sont concentrées les boutiques spécialisées (p. 35), ainsi que tous les modèles et tous les styles de poteries vernissées, de la céramique kitsch et populaire produite en série à la pièce d'art unique et design : assiettes, pots, cruches, jarres, jardinières…

Broderies, châles et mantilles

Concurrencée par la fabrication industrielle, la broderie à la main est devenue un véritable produit de luxe. Héritières d'un savoir-faire séculaire transmis de mère en fille, les brodeuses andalouses décorent de motifs géométriques ou floraux nappes, serviettes, dessus-de-lit et coussins, éléments incontournables du trousseau de la future mariée sévillane. Pour le soir ou lors des grandes occasions, les Sévillanes revêtent de soyeux châles brodés de fleurs *(mantones de Manila)*, portés pliés en deux sur les épaules et noués sur le devant. Autre pièce indispensable de la vie sociale sévillane, la mantille est un long voile de dentelle blanc ou noir qui se fixe sur un peigne en écaille ou en plastique planté dans un chignon (voir encadré p. 105). À porter bien haut et avec élégance !

Cuir et accessoires équestres

Si Cordoue s'est fait une spécialité de la maroquinerie avec le cuir repoussé, Séville a aussi ses artisans du cuir qui confectionnent sacs, portefeuilles, ceintures et chaussures de la plus belle facture et d'un bon rapport qualité-prix. On trouve aussi quantité d'échoppes spécialisées dans les accessoires d'équitation où s'amoncellent couvertures, selles, cravaches, bombes, bottes cavalières et guêtres. Signe que la tradition équestre se porte encore très bien en Andalousie.

Guitares et castagnettes

S'il y a un endroit pour acheter une guitare, c'est bien au pays du flamenco. Même si ce sont les luthiers de Grenade qui remportent la palme pour les meilleures guitares de flamenco, les artisans sévillans ne manquent pas de talent et peuvent se vanter d'avoir fourni les guitaristes les plus fameux. Née des guitares classiques et modernes qui se sont développées au XIXe s., la guitare de flamenco est plus légère, plus plate et se voit pourvue d'une plaque en métal permettant de battre le rythme. Moins encombrantes, les castagnettes *(castañuelas)* qui rythment les danses traditionnelles espagnoles. Le son est produit par le choc entre les deux coquilles unies par un cordon qui s'enfile autour du pouce. Reste à les manier… Essayez, et vous mesurerez la difficulté de la chose !

L'éventail

L'accessoire indispensable pour se ventiler dans les chaudes ruelles de Séville ! Importé d'Asie par les Portugais au XVIe s., l'éventail s'est vite imposé comme l'accessoire de mode fétiche des élégantes des cours européennes. La collection d'éventails anciens du **Real Alcázar** (p. 11) témoigne de leur grand raffinement. Toujours à la mode, il est très présent dans les vitrines de la ville, où il est proposé dans une gamme très vaste, des plus simples, en bois, en tissu ou en plastique, aux plus précieux, en écaille, en nacre ou en bois gravé peint à la main. Des éventails traditionnels sont à découvrir chez **Juan Foronda** (p. 105) ou **El Azulejo** (p. 95). Pour une touche plus contemporaine, filez chez **Coco Sevilla** (p. 110).

Sortir
mode d'emploi

On sort où ?

Comme les locaux, débutez votre *noche* en faisant la tournée des bars à tapas, le fameux ***tapeo,*** avant d'enchaîner avec le *copeo* (« boire un verre »). Inondée de bars et clubs alternatifs, la **Alameda de Hércules** est le repaire des bohèmes et des branchés. Dans la Alfalfa, la **plaza del Salvador** grouille de monde à l'heure de l'apéro et la jeunesse étudiante envahit la **calle Pérez Galdós.** Avec leurs terrasses à proximité du *río*, le **paseo de Colón** dans l'Arenal et la populaire **calle Betis** à Triana sont aussi très fréquentés. En été, les *terrazas de verano*, des bars éphémères, parfois dotés d'un dancefloor, animent les berges du Guadalquivir et les abords du parc María Luisa.

S'informer

Pour vos sorties culturelles ou festives, vous trouverez plusieurs mensuels gratuits et disponibles un peu partout (offices du tourisme, hôtels, bars, restaurants, boutiques…) proposant un listing des événements, expos, concerts, théâtres, cinémas, clubbing… Il y a l'incontournable ***El Giraldillo*** (www.elgiraldillo.es) et le branché ***Yuzin***. Pensez aussi aux journaux locaux, et n'oubliez pas de consulter le **calendrier des festivals** (p. 4-5) avant de partir.

Réserver un spectacle

Concerts pop ou classiques, opéras, théâtre, flamenco… les salles de la ville distillent un riche programme culturel hors période estivale. En été, les concerts nocturnes du Real Alcázar (p. 4) et du Palacio de la Buhaira (p. 5) sont magiques. Le service de billetterie en ligne www.generaltickets.com (commission) met en vente les places pour les principaux théâtres : Alameda, Central, Maestranza, Lope de Vega, concerts d'été du Real Alcázar et espace culturel Santa Clara. Vous pouvez aussi vous adresser aux guichets des salles ou réserver par téléphone ou Internet.

SE REPÉRER

Nous avons indiqué pour chaque adresse Sortir sa localisation sur le plan général (B2, G8…). Pour un repérage plus facile en préparant votre week-end ou lors de vos balades, nous avons signalé sur le plan par un symbole violet toutes les adresses de ce chapitre. Le numéro en violet signale la page où elles sont décrites.

Notre Top des bars et clubs

- **Un mythe sévillan**
  Garlochi – *Voir p. 117.*
- **Boum *eighties***
  1987 – *Voir p. 119.*
- **Gays lurons**
  El Barón Rampante – *Voir p. 118.*
- **Bodega romantique**
  Bodega Siglo XVIII – *Voir p. 120.*
- **Culture cool**
  Espacio Pescao Crudo – *Voir p. 121.*
- **Club alternatif**
  Obbio – *Voir p. 119.*

Notre Top du flamenco

Vous aurez le choix entre les *tablaos*, des cabarets très touristiques et plutôt chers (spectacles de qualité, avec ou sans dîner, mais public assez froid), les salles de spectacle classiques et les bars flamencos à l'ambiance plus conviviale, proposant des spectacles gratuits ou des chants et danses improvisés. Les aficionados en quête de *flamenco puro* (entendez sans folklore exagéré pour les touristes) se rendront dans une *peña flamenca* (p. 126-127).

- **La tradition séfarade**
  Casa de la Memoria – *Voir p. 117.*
- **Flamenco au musée**
  Museo del Baile Flamenco – *Voir p. 116.*
- **Une charbonnerie *muy caliente***
  La Carbonería – *Voir p. 117.*
- ***Flamenco puro***
  Sala Tronío – *Voir p. 120.*
- **En toute intimité**
  Casala Teatro – *Voir p. 120.*

Mais aussi... La *marcha* sévillane

Nul ne peut prétendre connaître la ville sans avoir au moins une fois passé sa soirée à écumer les bars de *copas* et les bodegas. Car Séville, avec son sens inné de la fête, est ainsi : explosive la nuit. À partir de 23h, les Sévillans prennent possession de la rue et migrent par petits groupes d'un endroit à l'autre. En semaine, on s'arrête à une heure raisonnable (minuit-1h), mais du jeudi au dimanche, c'est sans limites ! Bien qu'interdit, le *botellón*, beuverie géante improvisée dans la rue, est courant à Séville. Conseil aux clubbers, n'arrivez pas en boîte avant 2h au risque de vous retrouver tout seul ! Avant d'aller se coucher, il est d'usage de prendre un *chocolate con churros*…

Bars, clubs et cabarets andalous

1 - Garlochi
2 - Casa de la Memoria
3 - La Carbonería
4 - Bodega de Santa Cruz

La cathédrale
Visite 1 – p. 10

Auditorio Álvarez Quintero

C. Álvarez Quintero, 48 (H7)
☎ 954 29 39 49
www.alvarezquintero.com
T. l. j. à partir de 20h30
Spectacle : 17 €.

À quelques pas de la cathédrale, ce petit auditorium niché dans une vieille demeure accueille chaque soir 3 à 5 artistes de flamenco (chanteurs, guitaristes, danseurs) pour un spectacle d'une heure. Le lieu à taille humaine permet de profiter pleinement du spectacle, le prix d'entrée est abordable, et la qualité au rendez-vous. Pas de repas ni de boisson, on est là uniquement pour le flamenco, et c'est tant mieux.

Picalagartos

C. Hernando Colón, 7 (H7)
☎ 954 22 69 40
T. l. j. 17h-2h30.

Les Sévillans se retrouvent dans ce café bohème avant leur tournée des bars. Idéal pour papoter (bière 1,50 €) ou pour jouer aux cartes.

Pecata Mundi

C. Álvarez Quintero, 46 (H7)
☎ 954 22 69 40
Mar.-jeu. 21h30-2h,
ven.-sam. 21h30-4h
Mojito 5 €, bière 1,50 €.

Têtes de carnaval en papier mâché, crânes de bélier et pages arrachées de *Don Quichotte* tapissant les murs… la déco sombre et rigolote, l'ambiance décontractée et les sonorités rock font de Pecata Mundi une bonne alternative aux bars touristiques du quartier.

Santa Cruz
Visite 2 – p. 12

Museo del Baile Flamenco

C. Manuel Rojas Marcos, 3 (H6)
☎ 954 34 03 11
www.museoflamenco.com
Spectacle t. l. j. à 19h
(+ 20h45 en été)
Entrée plein tarif : 20 €
(24 € avec le musée).

Des spectacles de grande qualité sont donnés dans le patio

u musée. Le *cuadro* de professionnels (chanteur, guitariste, danseur et danseuse) exécutera devant vous une *sevillana*, un solo de chant, un solo de guitare, une *alegría* dansée par la *bailaora* avec sa robe à traîne, une *soleá* nostalgique dansée par le *bailaor* et, pour finir, une *bulería* festive en groupe.

Los Gallos

Plaza de Santa Cruz, 11 (I6)
☎ 954 21 69 81
www.tablaolosgallos.com
Spectacle t. l. j. 20h15-22h et 22h30-0h15
Tarif : 35 € (spectacle + boisson).

Logé dans une demeure historique, Los Gallos est l'un des plus vieux *tablaos* de Séville. Vous y verrez le meilleur du flamenco. Les spectacles (1h45) réunissent une dizaine d'artistes sur la petite scène. Pas de dîner.

Bodega de Santa Cruz

C. Rodrigo Caro, 1 (I6)
☎ 954 21 16 94
T. l. j. 8h-minuit.

Aussi animée dedans que dehors, il n'est pas toujours facile d'atteindre le comptoir (bière 1,20 €) de cette bodega populaire et désuète, plus connue sous le nom de Las Columnas (Les Colonnes), où tout le monde se croise.

El Centro
Visite 3 – p. 14

Casa de la Memoria

C. Cuna, 6 (G7)
☎ 954 56 06 70 (infos et résa)
www.casadelamemoria.es
Spectacle t. l. j. à 19h30, 21h et certains soirs 22h30
Entrée : 18 €.

Dans les écuries du Palacio de Lebrija, ce *tablao* et centre culturel accueille des spectacles de flamenco dans la plus pure tradition, et des concerts de musique séfarade et arabo-andalouse. La soirée se prolonge au bar décoré dans l'esprit des cafés chantants sévillans dont l'histoire vous est racontée à travers une petite exposition à l'étage.

Centro Cultural Cajasol

Sala Joaquín Turina
C. Laraña, 4 (G7)
☎ 954 50 82 00
www.fundacioncajasol.com
Spectacle à 21h
Tarif : de 12 à 18 €.

Le centre culturel de la fondation Cajasol promeut les jeunes talents et accueille les grands maestros de la culture flamenca à travers son cycle Jueves Flamenco : les Jeudis du flamenco (dates sur le site). La fondation programme en outre pièces de théâtre, concerts, comédies musicales, cinéma, spectacles de danse et de magie.

La Alfalfa et Encarnación-Regina
Visite 4 – p. 16

Berlin

C. Boteros, 4 (H6)
☎ 954 22 16 97
T. l. j. 23h-3h (4h ven.-sam.).

Après plus de 20 ans d'existence, c'est une institution du *barrio* ! Sous la lumière du néon bleu, du rock plein les oreilles, une faune éclectique se presse au comptoir pour goûter aux cocktails de Mirko (autour de 6 €).

Garlochi

C. Boteros, 26 (H6)
☎ 663 62 39 04 ou
☎ 655 31 35 34
T. l. j. 21h-3h.

Deux mythes de la culture andalouse – fête et religion – se mêlent ici de façon presque irrévérencieuse. Ce petit bar insensé au caractère blasphématoire est jalonné de reliques et de statues angéliques où l'on boit le « sang du Christ » (whisky, champagne, grenadine 6 €). Ses murs, recouverts d'images et d'une profusion d'ornements religieux, créent une ambiance étrange et sombre. À voir et à vivre.

Los Alcázares

C. Alcázares, 1 (G6)
☎ 954 22 09 05
www.losalcazares.jimdo.com
Lun.-ven. 8h30-minuit, sam. 9h30-1h.

On aime l'ambiance bohème et décontractée de ce café du début du XXe s. avec son vieux comptoir en bois, ses grandes baies vitrées et son décor d'affiches rétro de la Feria. La jeunesse sévillane y vient pour petit-déjeuner, grignoter des tapas (2-3 €) ou boire un verre au pied des champignons géants.

San Bartolomé et Santa Catalina
Visite 5 – p. 18

La Carbonería

C. Levíes, 18 (D2)
☎ 954 21 44 60
www.levies18.com
T. l. j. 20h-2h
Spectacle à partir de 22h
Entrée libre.

Lieu atypique prisé des locaux comme des touristes, cette ancienne fabrique de charbon offre chaque soir la scène à de jeunes artistes de flamenco. L'atmosphère intimiste du salon d'hiver, dominé par une grande cheminée et un piano, tranche avec l'ambiance détonante de la grande salle, qui fait penser à une cantine avec ses grandes tables où tout le monde côtoie tout le monde. De chaque côté, un comptoir : un pour les boissons (bière 2,20 €) et l'autre pour les tapas (à éviter).

El Arenal
Visite 6 – p. 20

El Arenal

C. Rodo, 7 (I8)
☎ 954 21 64 92
www.tablaoelarenal.com
Spectacle t. l. j. à 20h et 22h
Tarif : 38 € (avec boisson), 60 € (avec tapas) ou 72 € (avec dîner).

Autre *tablao* de référence et à taille humaine, El Arenal propose des **spectacles traditionnels** dans un bâtiment du XVIIe s. derrière les arènes. Des spectacles de qualité et une cuisine andalouse soignée !

Le XIX

C. Tomás de Ibarra, 9 (I7)
☎ 954 22 26 98
Facebook : Le XIX
T. l. j. 8h-13h30 et 16h-2h
Cocktail 7 €.

Dans l'un des rares édifices modernistes de Séville, le précieux décor du XIX revisite deux grands classiques : **le café littéraire parisien et le bar new-yorkais d'antan.** On y sert d'excellents cafés, des tartes maison et des cocktails entre colonnes en fonte, comptoir en cuir capitonné, fauteuils modernistes et affiches de ciné rétro.

Cervecería Internacional

C. Gamazo, 3 (I8)
☎ 954 21 17 17
www.cerveceriainternacional.com
Lun.-sam. 12h-16h et 20h-minuit.

Vous rêvez d'une *cerveza* frappée ? On trouve ici **la plus grande sélection de bières** (de 1,45 à 8 €) de Séville avec 15 pressions et plus de 280 bières en bouteille du monde entier, et quelques tapas.

Bestiario

C. Zaragoza, 33 (H8)
☎ 954 21 34 75
Mer.-dim. 16h-2h (4h ven.-sam.)
Cocktail 6,50 €.

Ce bar de *copas* est **l'une des enseignes phares de la nuit sévillane.** On y danse dans une ambiance détonante, surtout en fin de semaine lorsque les décibels montent.

Le quartier de l'université
Visite 7 – p. 22

Garden et New York

Paseo de las Delicias, Muelle de Nueva York (E3)
☎ 675 56 74 44 ou
☎ 625 03 00 48
Garden : jeu.-dim. 12h-17h et 19h-minuit ; New York : t. l. j. 13h-minuit ; f. j. de pluie
Cocktail 5 €.

Dans l'esprit des *chiringuitos* (cabanes de plage), ces terrasses au bord du *río* donnent un petit parfum de vacances au quai de New-York récemment rénové. Musique lounge, cocktails et pizzas maison chez Garden, foule jeune et ambiance festive au New York. Les deux lieux accueillent DJ et concerts.

Alameda et San Lorenzo
Visite 10 – p. 28

Café Eureka et Central

Alameda de Hércules, 65 (B3)
☎ 954 37 09 99
T. l. j. 11h-3h.

Dans une ambiance aussi bruyante que cosmopolite, **bain de foule et *cervezas*** (1,20 €) debout obligatoires. Ces bars jumeaux très populaires accueillent des expos de peinture ou des performances.

Café Jazz Naima

C. Trajano, 47 (B3)
☎ 954 38 24 85
T. l. j. 15h30-3h.

Un café décontracté pour boire un verre et discuter (bière 2-3 €) sur fond de jazz contemporain. Jam-sessions et **concerts gratuits tous les soirs** à partir de 21h.

Mercado Provenzal

Alameda de Hércules, 94 (B3)
☎ 955 42 51 64
www.mercadoprovenzal.com
T. l. j. 10h-minuit.

L'adresse a de bons arguments pour attirer la jeunesse : ses tout petits prix ! Avec une *cerveza (caña)* à 0,40 € (la moins chère d'Espagne !), des *montaditos* à moins de 1 € et des *copas* à moins de 5 €, c'est le **bon plan des petits budgets pour grignoter et boire un verre.** Commande au comptoir et consommation en terrasse.

El Barón Rampante

C. Arias Montano, 3 (B3)
☎ 647 24 95 37
T. l. j. 16h-4h (17h-3h en été)
***Copas* 5 €.**

Le **meilleur bar gay de Séville** où l'on se presse pour son

1 - *Le XIX*
2 - *1987*
3 - *Cervecería Internacional*
4 - *Mercado Provenzal*

ambiance chaleureuse, sa déco de bon goût et sophisitiquée, et sa bonne musique. Une adresse pas seulement hétéro-*friendly*, mais *friendly* tout court !

Abacería XXXII

C. Jesús del Gran Poder, 32 (C3)
☎ 955 19 14 61
http://xxxii.es
Lun. 19h-23h, mar.-sam. 11h30-15h et 19h-23h.

Ce ***gastropub-épicerie*** est la station pour faire des découvertes à l'heure de l'apéro : sélection pointue de bières artisanales du monde entier, vins d'auteur espagnols, italiens et français, et possibilité de déguster des tapas italiennes (charcuterie et fromages).

1987

Alameda de Hércules, 93 (B3)
☎ 699 89 07 20
Mer.-sam. 22h-4h30
Entrée libre
***Copas* de 5,50 à 6,50 €.**

Si vous aimez danser sur les tubes des années 1980, filez dans ce **discobar gay ouvert à tous les fêtards.** Sévillan(e)s de tout poil s'emparent chaque soir de son dancefloor de poche pour se déhancher sur les incontournables de Queen, Madonna, Culture Club ou *Grease*. N'arrivez pas avant minuit !

Fun Club

Alameda de Hércules, 86 (B3)
☎ 636 66 90 23
www.funclubsevilla.com
Jeu.-sam. minuit (21h30 les soirs de concert)-6h
Entrée libre
(concerts payants).

Groupes sévillans et étrangers jouent depuis 1987 dans ce **temple de la scène alternative.** Le club ne s'anime que vers 2h ou 3h sur des rythmes funk, rock, électro, hip-hop ou métal.

Utopía

C. Barco, s/n, esquina plaza de Europa (B3)
Jeu.-sam. 23h30-4h30, dim. 20h-2h
Entrée libre
***Copas* de 5 à 6 €.**

Ce **petit club sombre tapissé d'affiches de rock** fait partie des classiques de la Alameda. La soirée Indigo de Panorama du jeudi fait la part belle aux sons électro. Les vendredi et samedi, place au rock et à la musique indie.

Barrio del Museo
Visite 11 – p. 30

Obbio

C. Trastámara, 29 (C4)
☎ 692 52 90 93
Facebook : Obbio
Ven.-sam. 23h-6h
Entrée plein tarif : 6-20 € (parfois gratuit).

Le **club le plus cool de Séville** attire toute la faune branchée, arty, hipster, gay et alternative avec ses sons indie et électro et ses soirées imprévisibles et diablement divertissantes : DJ, concerts, happening, théâtre, projections de films cultes...

Kudeta

Plaza de la Legión (C4)
Centre commercial Plaza de Armas
☎ 954 08 85 18
www.kudetasevilla.es

T. l. j. 23h-7h
(café à partir de 16h30)
Entrée plein tarif : 10 €
Cocktails de 4 à 8 €.

Plus connue sous le nom de Buddha, c'est l'une des grandes *discotecas* du centre. Dans l'ancienne gare de Séville, trois étages, trois ambiances dans un décor oriental chic pour danser sur les sons techno ou R'n'B du moment. Bar et restaurant asiatique au rez-de-chaussée.

Triana, côté calle Betis
Visite 12 – p. 32

Lo Nuestro

C. Betis, 31A (D4)
T. l. j. de 22h à l'aube (ouverture aléatoire).

Ce bar bien connu de la calle Betis mais à la réputation un peu surfaite s'anime en fin de semaine de *sevillanas* et de rumbas endiablées au son d'orchestres populaires. Du même propriétaire, El Rejoneo voisin est dédié au flamenco, mais si le gorille à l'entrée est réfractaire, n'insistez pas, vous trouverez mieux ailleurs.

Sala Tronío

C. Pureza, 1 et 3 (D4)
☎ 654 61 01 01 (infos et résa)
http://salatronio.blogspot.com
T. l. j. 22h30 (17h sam.)-4h
Spectacle t. l. j. à partir de minuit
Entrée libre.

L'artiste flamenca Zamara, fille de la grande danseuse Manuela Carrasco, est aux commandes de cette salle de Triana avec le guitariste et chanteur Gabi López. La célèbre maman y fait parfois des apparitions le samedi après-midi, alors autant dire qu'ici le flamenco c'est du sérieux ! Et en plus, c'est gratuit.

Bodega Siglo XVIII

C. Pelay Correa, 32 (D4)
☎ 954 27 41 13
www.sigloxviii.com
Mar. soir-dim. midi (t. l. j. mars-juin) 12h30-16h et 20h-minuit (t. l. j. 19h-1h en août)
Tapas 3 €, plat 8 €.

Cette bodega bercée de musique andalouse, jazz ou bossa nova est un refuge délicieux pour boire une *copa de vino* et picorer des tapas en tête à tête. Le cadre, un palais du XVIIIe s. reconverti en maison de voisinage, est ravissant : patio à arcades, colonnes de marbre, plafonds sculptés, azulejos...

Bar Santa Ana

C. Pureza, 82 (D4)
☎ 954 27 21 02
T. l. j. 7h30-0h30.

À l'ombre de l'église de Santa Ana, ce petit bar de quartier est le rendez-vous des confréries religieuses de Triana... Autant vous dire qu'on est loin des établissements touristiques ! Vous trouverez ici une ambiance authentique avec photos innombrables de Vierges, de christs et de corridas aux murs, et musique des *marchas* de la Semaine sainte en fond sonore (*cerveza* 1,20 €).

Puerto de Cuba

Calle Betis, s/n, au pied du pont San Telmo (E3)
☎ 667 79 69 72
www.puertodecubasevilla.com
Mai-sept. : t. l. j. de 22h30 à l'aube
***Copas* de 7 à 8 €.**

Un jardin luxuriant au bord de l'eau, la Torre del Oro en toile de fond... cette *terraza de verano* est l'une des plus courues tant son cadre est magique. L'exotisme au cœur de la ville pour siroter un cocktail sous les palmiers... ou danser sous les étoiles en compagnie de trentenaires gominés et de *guapas* sur hauts talons, sur de la musique commerciale.

Triana, côté calle Castilla
Visite 13 – p. 34

Casa Anselma

C. Pagès del Corro, 49 (D4)
Lun.-sam. minuit-3h
Entrée libre.

Même si la grande et vieille dame de Triana ne chante plus beaucoup, on se presse encore dans la maison résonnante des rires et coups de gueule d'Anselma, qui a vu défiler le roi d'Espagne, l'équipe du Real Madrid, Plácido Domingo et les plus grands toreros. Vous n'y écouterez pas les meilleurs musiciens, mais l'ambiance *caliente*, les *sevillanas* passionnées et la chanson de la Vierge, toutes lumières éteintes, ne vous laisseront pas indifférent !

Casala Teatro

Mercado de Triana, stands 11-12 (D4)
☎ 651 64 34 55
www.casalateatro.com
Flamenco mer.-ven. à 12h (15 €), théâtre et concerts à 21h ou 22h (de 6 à 15 €).

Il faut arpenter les petites *calles* du marché de Triana pour débusquer ce théâtre de poche voisinant avec les étals de fruits et légumes. Avec seulement trente places assises, c'est l'endroit parfait pour apprécier un spectacle de flamenco traditionnel ou contemporain en toute intimité. C'est aussi le seul lieu proposant du flamenco en journée.

1 - Sala Tronío
2 - Puerto de Cuba

La Entrañable

C. Callao, 5 (D4)
☎ 954 33 83 68
T. l. j. 9h30-minuit
Tapas 2,50 €.

Attachant, populaire, cordial… La Entrañable porte bien son nom et a le charme simple d'un **petit bar de quartier.** Commerçants du marché de Triana et habitants du *barrio* s'y croisent et s'y recroisent au fil de la journée, au petit déjeuner, pour picorer les tapas maison, pour une expo d'art ou pour boire *una copa* en soirée.

Espacio Pescao Crudo

Paseo de la O, 26 (D4)
☎ 639 50 02 79
Facebook : Espacio Pescao Crudo
Mar.-dim. 13h-16h30
et 20h-23h30.

Il faut longer le Guadalquivir pour dénicher ce **petit bar cool et bohème avec terrasse** au bord de l'eau. Concerts de groupes locaux, barbecues de sardines ou expos d'artistes et de créateurs animent cet espace hors des sentiers battus combinant culture, musique et gastronomie.

Un cocktail les yeux dans les étoiles

• **Roof :** cuisine créative, cocktails et gin tonic se savourent au rythme des DJ sur cette terrasse très sympa perchée sur l'hôtel Casa Roman.

C. Trajano, 15 (quartier Alameda et San Lorenzo ; C3)
☎ 954 91 51 70 – www.roofsevilla.es – Mer.-dim. 19h-2h.

• **Santö Terraza :** pour voir et être vu sur les toits de l'hôtel le plus branché de la ville avec une vue splendide sur la Giralda.

C. Alemanes, 27 (quartier de la cathédrale ; I7)
☎ 954 56 00 00 – Lun.-ven. 16h-1h, sam.-dim. 12h-2h
Cocktails de 10 à 15 €.

• **Capote Bar :** mojitos et caïpirinhas (8 €) coulent à flots sur cette terrasse des berges du Guadalquivir, ouverte toute l'année.

C. Arjona (à droite du pont de Triana, quartier El Arenal ; D4)
☎ 955 18 68 79 – www.terrazacapote.com
T. l. j. 12h-3h/4h (5h en été).

La Cartuja
Visite 14 – p. 36

Jewel

Isla de la Cartuja
Av. Marie Curie, s/n (A5)
☎ 954 51 45 94
Facebook : Jewel Sevilla
Ven.-sam. 23h-7h
Entrée : 10 € avec une boisson
Cocktail 6 €.

Danseurs bodybuildés, transformistes et crème des DJ sévillans, voilà le cocktail détonant du **club gay le plus chaud et le plus tendance du moment.** Soirées à thème spectaculaires et sons house music enflamment la terrasse en été.

Antique Theatro

C. Matemáticos Rey Pastor
y Castro, s/n (A4)
☎ 954 46 22 07
www.antiquetheatro.com
T. l. j. de minuit à l'aube
Prix variable.

Rendez-vous des VIP, le Pavillon olympique de l'Expo' 92 s'est reconverti en empire de la fête. On y danse sur une musique conformiste dans un décor baroque.

Musique, danse et théâtre

1 - Teatro Lope de Vega
2 - Teatro de la Maestranza
3 - Teatro de la Maestranza
4 - Teatro Duque La Imperdible

El Centro
Visite 3 – p. 14

Teatro Duque La Imperdible

Plaza del Duque de la Victoria, s/n (G7-8)
☎ 954 90 54 58 ou
☎ 954 22 38 13 (billetterie)
www.imperdible.org
Billetterie : jeu.-sam. 19h-23h, dim. 18h-20h (les j. de spectacle)
Tarif : de 10 à 12 €.

Dans l'esprit des cafés chantants, ce petit théâtre indépendant et alternatif réputé pour son théâtre contemporain propose aussi des spectacles pour enfants, des matchs d'impro, des concerts de jazz ou de rock, des récitals de poésie et des spectacles de danse et de flamenco. Des productions originales pour sortir des sentiers battus !

El Arenal
Visite 6 – p. 20

Sevilla de Ópera

Mercado del Arenal
C. Pastor y Landero, 8 (D4)
☎ 955 29 46 61
www.sevilladeopera.com
Spectacle ven.-sam. à 21h ; f. juil.-août
Tarif : 25 €.

De l'opéra pour tous et en toute intimité, c'est ce que propose ce « *tablao* lyrique » niché dans le marché historique d'El Arenal. Des chanteurs professionnels interprètent les grands airs d'opéras célèbres en relation avec Séville : *Carmen, Don Giovanni, Fidelio, Les Noces de Figaro...*

Teatro de la Maestranza

Paseo de C. Colón, 22 (D3)
☎ 954 22 33 44 ou
☎ 954 22 65 73 (résa)
www.teatrodelamaestranza.es
Billetterie : lun.-sam. 10h-14h et 17h-20h30
Tarif : de 12 à 115 €.

Construit pour l'Expo'92, le théâtre de la Maestranza compte parmi les salles les plus prestigieuses d'Espagne pour les opéras et les concerts de musique symphonique. C'est ici que se produit le Real Orquesta Sinfónica de Sevilla (l'orchestre symphonique de Séville ; www.rossevilla.es). La programmation inclut aussi des zarzuelas, opérettes espagnoles, et des spectacles de danse. La salle circulaire compte 1 800 places.

La Fundición

Casa de la Moneda
C. Habana, 18
(entrée c. Matienzo ; D3)
☎ 954 22 58 44
www.fundiciondesevilla.es
Billetterie : lun.-ven. 10h-15h et 19h30-21h les soirs de spectacle, dim. 18h30-20h
Tarif : de 8 à 13 €.

Dans l'ancienne Casa de la Moneda, ce théâtre de poche défend la création contemporaine et se fait la vitrine de tous les arts scéniques : théâtre, danse, musique, poésie, flamenco. En tout, une quarantaine de spectacles par an et des expositions d'arts plastiques.

Le quartier de l'université

Visite 7 – p. 22

Teatro Lope de Vega

Av. de María Luisa, s/n (E3)
☎ 955 47 28 28 ou
☎ 955 47 28 22 (résa)
www.teatrolopedevega.org
Billetterie : t. l. j. 11h-14h et 17h30-20h30 (f. lun., dim. et j. f. sans spectacles)
Tarif : de 10 à 30 €.

Face au parc María Luisa, cet édifice emblématique de Séville a vu le jour pour l'Exposition universelle de 1929. C'est aujourd'hui une institution de référence pour le théâtre classique espagnol. D'une capacité de 700 spectacteurs, son théâtre à l'italienne abrite aussi les spectacles de danse de la Bienal de Flamenco et du Mes de Danza (p. 5).

Alameda et San Lorenzo

Visite 10 – p. 28

Centro de las Artes de Sevilla

C. Torneo,18 (B3)
☎ 955 47 11 91
www.centrodelasartes desevilla.org
Mar.-sam. 11h-14h et 18h-21h (sf j. f.)
Spectacle à 19h, 20h ou 21h
Entrée libre.

La programmation du Centre des arts de Séville (p. 29) balaie tous les champs artistiques : théâtre, musique, danse, cirque, cinéma et performances. Les places étant limitées et les spectacles gratuits, mieux vaut s'y rendre une heure à l'avance.

Teatro Alameda

C. Crédito, 13 (B3)
☎ 954 90 01 64
www.icas-sevilla.org
Spectacle lun.-ven. à 10h et 12h, dim. à 18h
Tarif : de 7 à 20 €.

La programmation du théâtre municipal vise en particulier les jeunes enfants et les familles avec des pièces de théâtre, du cirque, de la magie et des spectacles de marionnettes, notamment en mai lors de la fête internationale des Marionnettes (Feria Internacional del Títere de Sevilla). Mais la Alameda est aussi une salle de concerts au répertoire varié (flamenco, jazz, pop, rock…).

La Cartuja

Visite 14 – p. 36

Teatro Central

Isla de la Cartuja
C. José de Gálvez, 6 (A3)
☎ 955 54 21 55
www.teatrocentral.es
Billetterie au ☎ 902 15 00 25 ou sur www.ticketmaster.es ou au guichet 2h avant le spectacle
Tarif : de 15 à 20 €.

C'est une véritable fabrique de la culture qui s'agite dans ce théâtre à la programmation et à l'architecture avant-gardistes (l'édifice est conçu comme une boîte dans une boîte) ! Au bord du Guadalquivir, sur le site de l'Expo'92, deux salles indépendantes s'y partagent un répertoire novateur de danse et musique contemporaines, théâtre, concerts pop-rock et cycles de jazz ou de flamenco (Viene del Sur).

Séville, ville d'opéra

Désignée première Ville Unesco de la musique en 2006, Séville n'est pas seulement le berceau du flamenco. La belle andalouse a inspiré une centaine d'œuvres d'opéra ! *Les Noces de Figaro* et *Don Giovanni* de Mozart, *Le Barbier de Séville* de Rossini et *Carmen* de Bizet sont les plus célèbres, mais on pourrait encore citer *Fidelio*, l'unique opéra de Beethoven, *La Favorita* et *Maria Padilla* de Donizetti ou *La Force du destin* de Verdi. Des sentiers touristiques permettent de découvrir la ville en suivant les traces de Don Juan, Carmen et Figaro, mythes universels nés à Séville.

Brochure à l'office du tourisme, sur http://sevillaesopera.es/es/rutas-sevilla-de-opera ou sur les panneaux d'information de la plaza Nueva.

La Feria de Abril

Contrastant avec l'ambiance pieuse de la Semaine sainte à laquelle elle succède, la Feria de Abril est une véritable explosion de joie et d'allégresse. Une semaine de réjouissances presque ininterrompues s'ouvre dans le parc du Real de la Feria, que clôt un spectaculaire feu d'artifice au-dessus du Guadalquivir. À la nuit tombée, on chante, on danse, on mange et on boit dans les *casetas*. Fête prestigieuse, elle marque le retour du printemps et ouvre la saison des corridas.

Aux origines

La première Feria de Abril fut célébrée en 1847. Curieusement, ce sont un Basque et un Catalan qui sont les fondateurs de ce projet proposé au conseil municipal. Destinée à accroître les richesses agricoles, la Feria était à l'origine un grand marché aux bestiaux. Autour de cette foire se développa une fête incomparable qui éclipsa peu à peu la dimension économique de la manifestation. Elle est aujourd'hui la fête emblématique de Séville et l'une des célébrations les plus réputées d'Espagne.

La porte du Real

L'inauguration de la Feria débute par l'illumination, à minuit pile, de la porte monumentale du parc du Real et de son enceinte, éclairée par plus de trois cent mille ampoules ! Chaque année, le portail et ses innombrables ampoules représentent un nouveau thème inspiré soit

'un monument sévillan, soit 'un élément fondateur de identité sévillane. C'est une outume toujours vivace, les évillans célèbrent l'*alumbrao* l'illumination) en mangeant le ypique *pescaíto frito*.

.es *casetas*

éritable ville dans la ville, le aste parc du Real de la Feria, itué au sud du quartier de os Remedios, accueille un ampement où s'ordonnent une multitude de petits pavillons le toiles colorées appelés *asetas*. C'est dans ces tentes rivées, décorées avec soin et ouées par la municipalité à des ssociations, à des confréries ou à des particuliers, que e déroule l'essentiel de la fête. On s'y réunit entre amis pour grignoter des tapas, danser les *sevillanas* et chanter entre deux rasades de manzanilla ou de l'incontournable *rebujito*, mixture de jerez et de limonade. Le coût d'entretien de ces *casetas* étant très élevé, il est très difficile de s'y faire inviter. Ne soyez pas frustré, il existe aussi des *casetas* publiques où la fête bat son plein.

El paseo de caballo

Aux alentours de midi, un impressionnant défilé rassemble une multitude d'attelages, de cavaliers et d'amazones revêtus du costume traditionnel andalou : c'est le *paseo de caballo*. Parmi ce spectaculaire flot coloré qui déambule dans les allées du parc, la vedette est sans conteste le cheval andalou superbement harnaché pour l'occasion et paré de *madronos*. Dressé « à l'espagnole », son encolure arrondie et ses antérieurs levés bien haut lui confèrent une allure très

noble. En fin d'après-midi, on se rend à la Maestranza pour assister aux corridas.

Habits de fête

Le vêtement traditionnel féminin est appelé *traje de flamenca* ou *traje de gitana* et serait une évolution de la blouse de travail que les ouvrières des manufactures de tabac portaient au XIXe s. Avec les années, la tenue des humbles, qui ne comportait à l'origine qu'un ou deux volants, allait être copiée par les dames de la haute société et dotée d'une profusion de volants, de dentelle et du fameux *mantón de Manila* (châle de Manille). Les cheveux, ramenés en chignon, sont alors parés de fleurs et de peignes. Chez les hommes, le *traje de corto* se compose d'un pantalon serré à la taille par une ceinture, d'une chemise blanche, d'une veste courte, de bottes et d'un *sombrero cordobés*, le célèbre chapeau andalou à larges bords. Il aurait été d'abord porté par les paysans avant de devenir le chapeau des marchands de bétail.

Pour se rendre à la Feria

Un service spécial de bus vous mène du Prado San Sebastián jusqu'au portail monumental du parc du Real. Vous pouvez aussi utiliser les lignes circulaires C1 et C2 ou le taxi, plus cher. En voiture, garez-vous au parking Charco de Pava à la Cartuja et prenez la navette gratuite. Envie de parader comme les Sévillans ? Louez un costume traditionnel (location de robes abordable chez Flamenco y Más p. 102) et arrivez à bord d'une *coche de caballo*. Cette petite folie vous coûtera 95 € (tarif officiel).

Flamenco et *sevillanas*

Avec Jerez et Cadix, le quartier de Triana à Séville est le berceau du flamenco. Inscrit au Patrimoine culturel immatériel de l'humanité par l'Unesco, cet art vivant unique en Europe exprime de manière profonde les sentiments du peuple andalou. À Séville, il se chante, se joue et se danse dans les *tablaos* comme dans les écoles, dans la spontanéité vibrante d'une *peña flamenca* ou la rigueur d'une grande scène.

Du patio à la grande scène

Né dans les milieux populaires et la pauvreté, le flamenco s'est nourri des différentes cultures gitane, juive, musulmane, byzantine et latino-américaine qui ont façonné le peuple andalou. Au XVIIIe s., les Gitans le chantaient dans les patios des maisons de voisinage, les bouges et les tavernes. Il faut attendre le milieu du XIXe s. pour que le flamenco sorte des cercles marginaux et arrive au grand public dans les cafés chantants. Sur la voie de la professionnalisation, il entre

dans les théâtres ou *tablaos* à partir des années 1920 avant de décliner et de retrouver un second souffle dans les années 1950 pour finalement s'imposer sur les plus grandes scènes internationales.

Les *palos*

Associant ou non le chant *(el cante)*, la danse *(el baile)* et la musique *(el toque)*, le flamenco s'exprime à travers une infinité de styles (plus d'une soixantaine !) appelés *palos*, eux-mêmes subdivisés en de multiples variantes régionales. C'est cette richesse extraordinaire qui rend l'univers du flamenco à la fois complexe et fascinant. D'autant que cet art vivant basé sur l'émotion et l'improvisation ne cesse de s'enrichir de formes et de sonorités nouvelles, flirtant avec la danse contemporaine ou la musique électro.

El cante

À l'origine, le flamenco consistait en un chant a cappella *(a palo seco)*. Forme la plus ancienne, le *cante jondo*, ou chant profond, se caractérise par sa lenteur, son intensité et l'expression d'une tristesse profonde. Le *cante chico* (petit chant) est quant à lui beaucoup plus gai et plus rythmé. Le *cante intermedio* oscille entre ces deux types de chant, entre gaieté et tristesse.

El baile

Seul un petit nombre de *palos* peuvent être dansés. Les danses les plus fréquentes sont les suivantes : *alegría* (joie), *bulería* (jeu, séduction), *seguiriya* (douleur, mort), *tango* (passion, sexe), *soleá* (nostalgie, solitude), *guajira* (grâce, sensualité) et *farruca* (élégance et puissance masculine). Robe à traîne dans les *alegrías*, castagnettes dans le *fandanguillo*, chapeau cordouan, châle ou éventail peuvent être utilisés à des fins esthétiques ou dramatiques.

El toque

Soutien du chanteur et du danseur, l'accompagnement à la guitare est un art difficile dont Paco de Lucía reste à jamais le maître incontesté. Le rythme donné par la guitare est doublé par le *taconeo*, le claquement des talons, le *pito*, le claquement des doigts, les *palmas*, le battement des mains – et parfois le *cajón*, une caisse en bois importée de Cuba. Le jeu d'interjections et d'onomatopées participe à la ponctuation rythmique et au bon déroulement de la danse.

Le *duende*

Si les paroles sont un mystère pour vous, vous saisirez aisément l'expression de la douleur et des souffrances des Gitans, peuple marginalisé dès son arrivée en terre d'Espagne, grâce à l'intensité de l'interprétation. Le chanteur peut entrer dans une sorte de transe, le *duende*, moment magique où s'exprime toute la force de son désespoir et qui provoque l'enchantement du public au cri des « olé ! ».

Les *sevillanas*

Les danses folkloriques remportent un vif succès lors des fêtes locales. La plus populaire est sans conteste la *sevillana*, née à Séville et codifiée au XIXe s. Véritable jeu de séduction, elle se danse en couple et par série de quatre, chaque *sevillana* étant elle-même divisée en trois parties *(tercios)* correspondant à une position du couple. Vous aurez l'occasion d'assister à cette danse dans les bars de Séville.

Où découvrir le flamenco ?

Pour tout savoir sur la danse flamenca, visitez le Museo del Baile Flamenco (p. 13). Pour assister à un spectacle, reportez-vous à notre sélection de bars flamencos et de *tablaos* (p. 116-121). Les meilleurs artistes internationaux se produisent lors de la Bienal de Flamenco (p. 5), le plus grand festival flamenco au monde. Pour dénicher les indispensables robes à volants, guitares ou castagnettes, retrouvez nos bonnes adresses shopping p. 102.

Carnet pratique

Sur les cartes du chapitre Visiter,	000	000	000
ces symboles signalent les adresses	Où manger	Shopping	Sortir

Ils donnent le numéro de la page où vous pourrez lire la description détaillée de chaque établissement.

Quand partir ?

Températures douces à chaudes (16-30 °C), rues embaumant la fleur d'oranger, jardins et patios en fleurs… Le printemps est la meilleure saison pour visiter Séville ! Mais attention, pendant la Semana Santa et la Feria de Abril, la ville est bondée, les hôtels sont pris d'assaut et les prix grimpent de façon vertigineuse. Évitez de vous y rendre en été, en particulier au mois d'août : avec des températures dépassant les 40 °C, la ville est une fournaise vidée de ses habitants, la vie tourne au ralenti et beaucoup de commerçants ferment boutique. La ville retrouve un rythme normal en septembre avec des températures plus agréables. La période d'octobre à décembre est la plus chargée en précipitations, mais celles-ci restent tout à fait mesurées. Illuminations et petits marchés apportent leur grain de magie aux fêtes de Noël, prélude au mois le plus froid de l'année.

Pour y aller

Si l'avion est le moyen de transport le plus rapide (2h20 de vol depuis Paris) et le plus économique pour un séjour de courte durée, l'offre des vols Paris-Séville est toutefois limitée. Autre solution, nettement moins pratique : l'avion jusqu'à Madrid, puis l'AVE (train à grande vitesse) pour Séville.

EN AVION

Compagnies classiques

Iberia propose des vols directs réguliers depuis Paris-Orly (2h15 de vol) et Air France dessert Séville à partir de Toulouse trois fois par semaine. Réservez vos billets le plus tôt possible pour obtenir les meilleurs tarifs, ou consultez les sites Internet pour les offres de dernière minute.

• Iberia
☎ 0 825 800 965
www.iberia.com

• Air France
☎ 36 54
www.airfrance.fr

Compagnies low cost

Vueling (filiale d'Iberia), Transavia (filiale d'Air France) et Ryanair assurent des vols directs une à plusieurs fois par semaine au départ de Paris ou de certaines villes de province. Les compagnies low cost affichent des tarifs alléchants avec des allers-retours à moins de 100 €, mais attention aux frais annexes qui viennent gonfler

SE RENSEIGNER AVANT DE PARTIR

Voici quelques adresses utiles pour préparer votre voyage :
• Office espagnol du tourisme
☎ 0800 10 10 50 50
www.spain.info
• Office du tourisme d'Andalousie
www.andalucia.org
• Office du tourisme de la province de Séville
www.turismosevilla.org
• Office du tourisme de Séville
www.visitasevilla.es
• Mairie de Séville
www.sevilla.org
• Agenda culturel de Séville
www.elegirhoy.com *(El Giraldillo)*.

a facture : frais éventuels d'enregistrement en ligne ou de paiement par carte, ;upplément bagage en soute… Comptez en moyenne autour de 200 € pour un aller-retour.

• **Vueling**
☎ 0 899 232 400
www.vueling.com
Au départ de Paris-Orly.

• **Transavia**
☎ 0 892 058 888
www.transavia.com
Au départ de Paris-Orly, Lyon et Nantes.

• **Ryanair**
☎ 0 892 562 150
www.ryanair.com
Au départ de Paris-Beauvais, Bordeaux et Marseille.

TROUVER LE MEILLEUR VOL

Pour trouver les meilleures offres, consultez les comparateurs de vols :
www.easyvols.fr
www.boursedesvols.com
www.liligo.fr
www.skyscanner.fr
www.vols24.fr
www.opodo.fr

EN TRAIN

Le trajet en train est cher (autour de 300 €) et bien plus long qu'en avion (entre 12h et 14h, correspondance comprise) : TGV Renfe/SNCF entre Paris-Gare de Lyon et Barcelona Sants (6h25), puis AVE entre Barcelona Sants et la gare Santa Justa de Séville (6h).

Infos et réservations :
www.renfe.com

PENSEZ-Y !

FORMALITÉS

Si vous êtes ressortissant de l'Union européenne, vous devez être en possession d'une carte nationale d'identité en cours de validité ou d'un passeport (celui-ci peut être périmé de 5 ans au plus). Dans les autres cas, il faudra vous adresser avant votre départ au consulat, qui pourra vous délivrer un visa de tourisme :

• Consulat d'Espagne
165, bd Malesherbes, 75840 Paris Cedex 17
☎ 01 44 29 40 00
Ⓕ 01 40 54 04 74
www.cgesparis.org

• Ambassade d'Espagne
22, av. Marceau, 75381 Paris Cedex 08
☎ 01 44 43 18 00
Ⓕ 01 47 23 59 55
www.maec.es (ministère des Affaires étrangères).

DOUANE

Pour des achats réservés à un usage personnel, les citoyens de l'Union européenne n'ont pas à remplir de déclaration ni à payer de droits et taxes au départ ou au retour en France (la TVA est payée dans le pays où vous faites vos achats).

Centre de renseignement des douanes
☎ 0 811 204 444
www.douane.gouv.fr

ASSURANCES

Certaines cartes de crédit internationales offrent une assurance bagage et rapatriement si vous l'utilisez pour payer votre billet d'avion. Par ailleurs, toutes les agences de voyages proposent ces mêmes assurances, comprises dans les forfaits la plupart du temps. Il existe aussi les organismes spécialisés suivants :

• Europ Assistance
☎ 01 43 85 93 65
• Mondial Assistance
☎ 01 42 99 82 81.

SANTÉ

Avant de partir, procurez-vous la Carte européenne d'assurance-maladie (CEAM) auprès de votre caisse d'assurance-maladie (toutes les infos sur www.ameli.fr). Nominative et valable un an, elle vous dispense de l'avance de frais médicaux à condition de consulter un médecin du service public de santé (carte non valable auprès des médecins et hôpitaux privés). En cas de problème, il existe à Séville plusieurs hôpitaux avec un service d'urgence et des centres sanitaires (services de soins primaires).

Urgences : ☎ 112 (pompiers, police, et protection civile).

Voyages-sncf.com

Voyages-sncf.com, distributeur de voyages en ligne de SNCF, vous propose ses meilleurs prix d'avion, hôtel, séjours et location de voitures dans le monde entier. Accédez aussi à ses services exclusifs : billets à domicile, offres de dernière minute, promotions…

- **Infos et résa. depuis la France sur www.voyages-sncf.com et sur tablettes & mobiles avec l'appli V. Hôtel (toute l'offre hôtels).**
- **Réservez un vol, un hôtel, une voiture : ☎ 0 899 500 500 (appel au prix de 1,35€ et 0,34€/minute).**
- **Une question sur votre commande ? Rubrique Contact ou ☎ 09 70 60 99 60 (numéro non surtaxé).**

Dormir à Séville

QUEL QUARTIER ?

Pour être au cœur de l'animation, posez vos valises dans les *barrios* du Casco Antiguo le centre historique : Santa Cruz et ses ruelles romantiques inaccessibles aux voitures, le Centro idéal pour le shopping, la Alfalfa ou encore El Arenal à condition d'éviter les grandes artères. La Alameda de Hércules sera surtout le point de chute des fêtards (gare au bruit !). Si vous recherchez le calme, privilégiez San Bartolomé, Santa Catalina ou la Macarena. Triana affiche des prix moins élevés mais l'offre y est plus restreinte.

HÔTEL OU *HOSTAL* ?

Vous aurez le choix entre les *pensiones* signalées par la lettre « P » et les *hostales* de 1 ou 2 étoiles, des petits hôtels familiaux et bon marché, les hôtels de 1 à 5 étoiles, les hôtels de luxe « Gran Lujo » et la location d'appartements. La vie nocturne étant très animée en fin de semaine, les chambres sur rue sont souvent bruyantes, et cela malgré le double vitrage. Pensez aux boules Quies ! Les chambres sur patio ne sont pas forcément plus calmes et elles sont souvent sombres. Dans les demeures historiques, certaines chambres peuvent être minuscules. Pour éviter les mauvaises surprises, demandez les caractéristiques de votre chambre lors de la réservation.

RÉSERVATION

Il est impératif de réserver longtemps à l'avance pour un séjour pendant la Semaine sainte, la Feria, la biennale de Flamenco (années paires) et en période de Noël. Pour les meilleurs tarifs, consultez le site de l'hôtel, puis les sites de comparateur de prix : www.trivago.fr, www.hotels.com, www.booking.com. La centrale de réservation de l'association des hôtels de Séville www.hotelesdesevilla.com propose une large gamme d'hébergements à tous les prix, et le site www.hostalensevilla.com est spécialisé dans les hébergements bon marché. Pour louer un appartement, voir encadré p. 137.

TARIFS

Les tarifs varient en fonction de la saison touristique : basse (nov.-fév. sf période de Noël et juil.-août), moyenne (mars et juin), haute (avr.-mai, sept.-oct. et période de Noël). Il faut ajouter à cela la *temporada super alta,* correspondant à la Semaine sainte et à la Feria, pendant laquelle les prix doublent voire triplent ! De plus en plus d'établissements ajustent leurs prix en fonction du taux de remplissage et des jours de la semaine, ce qui permet de bénéficier de promotions intéressantes. Vérifiez que la TVA de 10 % *(IVA incluido)* et le petit déjeuner *(desayuno)* sont inclus. Les pensions et hôtels de basse catégorie proposent rarement le petit-déjeuner, mais vous trouverez des cafés à tous les coins de rue avec des formules *desayuno* à moins de 5 €.

Se déplacer

DE L'AÉROPORT AU CENTRE-VILLE

L'aéroport San Pablo de Séville se trouve à 10 km au nord-est de la ville, sur la route qui relie Madrid à Cadix.

Infos : ☎ 954 449 000
www.sevilla-airport.com

En bus

Devant le hall des arrivées, le bus EA *(Especial Aeropuerto)* de la compagnie Tussam (www.tussam.es) fait la navette entre l'aéroport et le centre-ville avec un départ toutes les 25-30 min (premier départ 5h20, dernier départ 1h15 ; 4h30 et 0h30 dans le sens inverse) et un trajet de 45 min environ. Le ticket s'achète auprès du conducteur (aller 4 €, aller-retour 6 €). Arrêts : Aeropuerto, Kansas City (3 arrêts dont Estación de Santa Justa), Luís de Morales (2 arrêts), San Francisco Javier (2 arrêts), San Bernardo, Avenida de Carlos V, Paseo Colón (Torre del Oro) et Plaza de Armas, le terminus. Une fois dans le centre, vous pourrez héler un taxi.

En taxi

Les taxis qui stationnent devant l'aéroport vous conduiront à n'importe quel endroit de la ville sauf dans les ruelles piétonnes et les voies inaccessibles aux voitures, comme dans le quartier de Santa Cruz. Le tarif moyen pour la course aéroport - centre-ville est de 30 € (35 € la nuit, les week-ends et jours fériés). Plusieurs compagnies de taxi opèrent à Séville (p. 132).

SUR PLACE

En bus

Séville possède un bon réseau de bus, mais le centre n'est pas toujours bien desservi en raison d'un tissu urbain très dense et impraticable pour les bus. Seul le petit bus électrique C5 dessert le centre historique (cathédrale, arènes, Casa de Pilatos, basilique de la Macarena…). Les lignes circulaires, numérotées de C1 à C4, font le tour du centre et seront utiles pour relier des lieux excentrés comme la Cartuja et Triana (C1 et C2) ou le parc María Luisa (C1-C4).
Bon plan : elles suivent un parcours à peu près similaire à celui des bus touristiques (p. 134). Les lignes nocturnes (A1-A7) ne seront utiles que si vous résidez en dehors du centre. Le ticket (1,40 €) s'achète auprès du conducteur ou aux bornes du tramway. Disponible aux guichets Tussam, dans les bureaux de tabac et les kiosques à journaux, la ***tarjeta multiviaje*** (1,50 €) est une carte rechargeable (au minimum 7 €) permettant d'effectuer 10 trajets. En vente aux guichets Tussam, la ***tarjeta turística*** (1,50 €) permet de voyager de façon illimitée pendant 1 ou 3 jours (5 ou 10 €).
Point info-vente Tussam : plaza Ponce de León (C2) et Prado San Sebastián (E2)
☎ 902 45 99 54 – www.tussam.es

En tramway

La ligne de tramway T1 – aussi appelée Metro Centro – fait la jonction entre San Bernardo et plaza Nueva via les avenues San Fernando et de la Constitución. Les titres de transports Tussam sont valables dans le tramway, de même que les tickets en vente aux distributeurs automatiques de chaque arrêt : gare de San Bernardo, Prado San Sebastián, Puerta de Jerez, Archivo de Indias et Plaza Nueva.

En métro

La ligne 1 du métro (trois autres lignes sont en construction) relie les villes de banlieue Mairena de Aljarafe (Ciudad Expo) et Dos Hermanas via le sud de Séville. Contournant le centre-ville, elle sera peu utile aux visiteurs, hormis peut-être pour rejoindre le centre commercial Nervión depuis les stations Plaza de Cuba (Triana), Puerta de Jerez, Prado San Sebastián ou San Bernardo. Tickets disponibles aux guichets automatiques (1,35 € sans changement de zone).
Informations : ☎ 902 36 49 85 ou 954 54 07 85
www.metro-sevilla.es

En voiture

Difficultés de stationnement, ruelles peu accessibles dans le centre historique, règles de circulation pas toujours respectées, vols fréquents, racket par les *gorrillas* se faisant passer pour des agents de la ville *(bovis)*… la voiture est à bannir du centre-ville ! Préférez le taxi, plus rassurant que la voiture de location.

En taxi

Les taxis sont blancs avec une bande jaune et un logo sur la portière arrière. On peut les arrêter partout (la lumière verte indique qu'ils sont libres). Le montant minimal de la course est de 4 € (6 € week-end, jours fériés et la nuit).

• **Radio Taxi de Sevilla**
☎ 954 58 00 00
• **Teletaxi**
☎ 954 62 22 22
• **Radio Taxi Giralda**
☎ 954 99 80 70.

À vélo

Si l'on est vigilant, le vélo est une bonne option pour relier des sites excentrés (120 km de pistes cyclables longent les grands axes), mais pas toujours pratique pour explorer le centre historique (ruelles pavées et piétonnes, circulation interdite dans Santa Cruz). **Sevici** met à disposition des vélos en libre service, façon Velib'® parisien, à 250 points de stationnement (location par carte de crédit aux bornes). L'abonnement de courte durée (7 jours, 13,33 €) est intéressant si l'on restreint ses déplacements aux 30 premières minutes gratuites (première heure 1 €, et 2 € à partir de la deuxième heure). Le point noir : la caution de 150 € bloquée durant la validité de l'abonnement, pas idéale pour les familles et les budgets serrés. Pour de longues balades, la location dans une agence classique sera plus avantageuse (p. 134).

Informations Sevici :
☎ 902 01 10 32
www.sevici.es

À deux-roues

Vous pouvez louer une moto ou un scooter, mais soyez toujours attentif… Les règles de circulation sont vraiment peu respectées.

Renta Moto : c. Júpiter, 25 (C1)
☎ 954 41 75 00
www.vespasur.es

À voir, à faire

OFFICES DU TOURISME

Séville compte plusieurs **centres d'information touristique** gérés par la province de Séville, la communauté autonome d'Andalousie et la Ville.

• **Oficina de Turismo**
Plaza del Triunfo, 1 (I7)
☎ 954 21 00 05 ou
☎ 954 78 75 78
www.visitasevilla.es
www.turismosevilla.org
www.andalucia.org
Lun.-ven. 9h-19h30, sam.-dim. et j. f. 9h30-19h.
Office du tourisme principal géré en commun par la Ville, la province de Séville

et la communauté autonome d'Andalousie.

• **Oficinas de Turismo de la Junta de Andalucía**
www.andalucia.org
Lun.-ven. 9h-19h30,
sam.-dim. et j. f. 9h30-15h
• Estación de Santa Justa
Av. Kansa City (C1)
☎ 954 78 20 02
• Aeropuerto de San Pablo (HP par C1)
☎ 954 78 20 35/36.

• **Visitor Center City Expert Sevilla**
Av. de la Constitución, 21B (I7)
☎ 637 49 93 77
www.cityexpert.es/sevilla
T. l. j. 10h-19h
(9h30-20h printemps et automne).

• **Punto de Información Turística de Sevilla**
Basílica de la Macarena
C. Bécquer, 1 (B2)
☎ 954 90 18 96
Lun.-ven. 9h-14h.

SEVILLA CARD

Cette carte touristique comprend l'usage illimité des transports en commun, l'accès aux principaux musées et monuments (deux seulement pour le forfait 24h), une croisière en bateau sur le Guadalquivir, un tour en bus touristique (forfaits 48h, 72h, 120h) et une entrée à Isla Magica (forfaits 72h, 120h). Elle permet d'éviter la queue aux guichets et offre des réductions dans certaines boutiques, restaurants et *tablaos*. L'intérêt de la Sevilla Card dépend de votre programme. Pour une visite incluant la cathédrale (8 €), le Real Alcázar (9,50 €) et une croisière en bateau (16 €) sans utilisation des transports en commun, le forfait 24h sera à peine rentabilisé.

Ventes et infos : ☎ 902 08 89 08 (sur place) ou
☎ +34 913 60 47 72 (de l'étranger)
www.sevillacard.es
Point de vente sur place : magasin Iconos, av. de la Constitución, 21A (I7), ☎ 954 22 14 08, lun.-sam. 10h-21h, dim. 11h-21h (17h en hiver)
Tarifs : 33 € pour 24h, 53 € pour 48h, 71 € pour 72h et 77 € pour 120h (moins cher en ligne).

MONUMENTS ET MUSÉES

Réservation

La visite de certains monuments se fait uniquement sur réservation par Internet. C'est le cas pour les visites guidées de l'Ayuntamiento (p. 14) et les Cubiertas, les toits de la cathédrale (p. 10). Mieux vaut réserver avant de partir car les horaires et les places sont limités. En haute saison, afin d'éviter une attente trop longue aux guichets de la cathédrale (p. 10) et du Real Alcázar (p. 11), la réservation par Internet est aussi vivement conseillée. Bon plan sur place, vous pouvez acheter votre ticket pour la cathédrale à l'Iglesia del Salvador (demander le ticket combiné) : il y a moins de monde et vous pourrez ensuite entrer dans la cathédrale sans faire la queue.

VISITES GUIDÉES

À pied

Grand choix de **visites thématiques** de Séville en français en compagnie d'un guide touristique (entre 12 et 30 € selon la durée).

• **Conocer Sevilla**
☎ 647 43 70 88
www.conocersevilla.com

• **APIT**
Av. de la Constitución, 9 (I7)
☎ 954 21 00 44
www.apitsevilla.com

• **Guidetur**
C. Mateos Gago, 29 bajo (I6)
☎ 954 22 23 74
www.guidetur.com

À vélo

Plusieurs agences privées proposent un service de location simple (minimum 3 € de l'heure et de 12 à 18 € la journée) ou des visites guidées avec accompagnateur ou audioguide

- **Bici4City**
C. Peral, 6 (B3)
☎ 954 38 93 83
www.bici4city.com
- **Sevilla Bike Tour**
C. Arjona, 8 (C4)
☎ 955 11 82 28
www.sevillabiketour.com
- **Rent a Bike Sevilla**
☎ 955 11 82 28 ou 619 46 14 91
www.rentabikesevilla.com
(livraison des vélos à l'hôtel).

SÉVILLE GRATUIT

- L'entrée des musées publics est gratuite pour les ressortissants de l'UE sur présentation de la carte d'identité : Museo de Bellas Artes, Museo de Artes y Costumbres Populares, Museo Arqueológico.
- Certains monuments publics sont gratuits certains jours et à des horaires précis : cathédrale, Real Alcázar, Ayuntamiento, Real Maestranza, Torre del Oro, Casa de Pilatos, Hospital de los Venerables, Monasterio de la Cartuja (CAAC).
- L'accès à ces monuments publics est toujours libre : Archivo de Indias, Real Fábrica de Tabacos (Universidad), Costurero de la Reina, Palacio de los Marqueses de la Algaba, Castillo de San Jorge. Les visites guidées du Palacio de San Telmo et de l'Hospital de las Cinqo Llagas sont gratuites sur résa.
- Pensez aux espaces d'exposition ouverts à tous : Casa de la Provincia, Casino de la Exposición, Fundación Valentín de Madariaga, Espacio Cultural de Santa Clara, Centro de las Artes de Sevilla.
- Sans oublier les innombrables églises – qui sont autant de petits musées remplis d'œuvres d'art – ni les joyaux de l'architecture sévillane : plaza de España et pavillons de l'Expo de 1929, Metropol Parasol, pavillons et ponts de l'Expo' 92…
- Du flamenco sans débourser un euro ? Filez à la Carbonería, à la Sala Tronío ou à la Casa Anselma.

En bus à impériale

Les bus rouges **City Sightseeing Sevilla** et les bus verts **Sevirama** effectuent des parcours commentés reliant les principaux sites touristiques hors du centre historique : université, parc María Luisa, Parlement andalou, site de l'Expo' 92 (Cartuja), Triana. Système *hop-on hop-off* permettant de descendre et de remonter pendant 24h à quatre arrêts : Torre del Oro (arrêt principal), Plaza de España, Monasterio de la Cartuja et Isla Mágica. La visite guidée à pied de Triana ou de Santa Cruz est incluse.

- **City Sightseeing Sevilla**
☎ 902 10 10 81
www.sevillatour.com
T. l. j. 10h-22h en été, 10h-20h/21h en hiver ; tour de 1h15 : 18 € pour les adultes, 8 € pour les 5-12 ans, gratuit pour les moins de 5 ans.
- **Sevirama**
☎ 954 56 06 93
www.sevirama.com
T. l. j. 10h-22h en été, 10h-18h en hiver ; tour de 1h20 : 17 € pour les adultes (14 € en ligne), 7 € pour les 6-12 ans, gratuit pour les moins de 5 ans.

En calèche

Bien que touristique, la balade en *coche de caballo* est un moyen très agréable de découvrir la ville. Le tarif officiel est de 45 € pour un tour de 1h environ, 50 € pendant la Semaine sainte et 95 € pendant la Feria. Comptez autour de 65 € si on vient vous chercher à votre hôtel, 75 € pendant la Semaine sainte et 120 € lors de la Feria.
Points de départ : autour de la cathédrale, plaza de San Francisco, Puerta de Jerez, Torre del Oro et parc María Luisa (plaza de España et plaza de América).
Asociación de Coches de Caballo de Sevilla
C. Doña María Coronel, 34 (C2) – ☎ 635 55 44 10.

En bateau

Il est possible de faire une excursion en bateau sur le légendaire Guadalquivir, seul fleuve navigable d'Espagne, d'où sont parties les expéditions vers le Nouveau Monde.

Visites commentées d'une durée de 1h.

Cruceros Torre del Oro
Paseo Marqués de Contadero, s/n
☎ 954 56 16 92 – www.crucerostorredeloro.com
Départ toutes les 30 min au pied de la Torre del Oro de 11h à 22h (toutes les heures en hiver jusqu'à 19h) : 16 € pour les adultes, gratuit pour les moins de 14 ans accompagnés d'un adulte.

BUDGET

Le coût de la vie en Andalousie est inférieur à celui de la France. Toutefois, le succès touristique a entraîné une hausse des prix dans l'hébergement et la restauration. Comptez 50 € pour une nuit en chambre double dans un *hostal*, autour de 100 € dans un hôtel 3 étoiles, de 10 à 30 € pour un repas, de 3 à 10 € pour la visite d'un monument ou d'un musée, 1,40 € pour un ticket de bus, autour de 7 € pour une course en taxi dans le centre, entre 10 et 30 € pour un spectacle de flamenco ou une pièce de théâtre. Notez que l'hébergement et la restauration sont soumis à une TVA de 10 % *(IVA)*.

INFOS TRÈS, TRÈS PRATIQUES

HEURE LOCALE ET VOLTAGE

L'heure est la même à Paris et à Séville, hiver comme été. Courant (220 volts) et prises sont identiques.

TÉLÉPHONER

Pour téléphoner à Séville depuis la France :
☎ 00 34 + numéro de votre correspondant.
Pour téléphoner en France depuis Séville :
☎ 00 33 + numéro de votre correspondant sans le 0.
Pour vos appels locaux en Espagne, composez simplement les neuf chiffres du numéro.
Vous trouverez des cabines téléphoniques à pièces ou à cartes prépayées de la compagnie Telefónica en vente dans les kiosques et bureaux de tabac à 6 ou 12 € pour appeler en Espagne ou vers l'étranger.
Si vous avez un téléphone portable, il est préférable d'acheter une carte SIM locale. Évitez de téléphoner de votre chambre d'hôtel, les tarifs sont exorbitants. Avec une connexion Wifi et un Smartphone, vous pourrez téléphoner gratuitement grâce à des applications du type Viber (www.viber.com).

ÉCRIRE

Les timbres *(sellos)* sont en vente dans les bureaux de poste, les bureaux de tabac *(estancos)* et les papeteries.
Poste principale
Av. de la Constitución, 32 (I7)
☎ 902 19 71 97
Lun.-ven. 8h-21h, sam. 8h-13h.

ARGENT

Les banques sont ouvertes du lundi au samedi de 9h à 14h. Les cartes internationales de paiement sont acceptées partout sauf dans certains petits commerces et bars à tapas, où il faudra payer en espèces (nombreux distributeurs en centre-ville, notamment avenida de la Constitución). Dans certains cas, vous n'aurez pas à composer votre code mais vous devrez signer le ticket et présenter votre carte d'identité.
En cas de perte ou de vol, appelez le centre d'opposition multicartes :
☎ +33 892 705 705.
Vous devrez communiquer le numéro à 16 chiffres de votre carte, sa date d'expiration et le numéro de téléphone de votre agence.

SÉCURITÉ

Comme dans toutes les grandes villes, soyez vigilant aux abords des sites touristiques et dans les transports en commun, où peuvent opérer les pickpockets. Autour de la cathédrale, refusez le brin de romarin que des femmes vous tendent pour lire les lignes de votre main. Et gare à vos poches dans les bains de foule de la Semaine sainte et de la Feria, propices aux vols.

URGENCES

Urgences (police, pompiers et ambulances) :
☎ 112.

TABAC

Il est interdit de fumer dans les lieux publics, bars et restaurants.

Nos hôtels par quartiers

1 - Casa del Buen Viaje
2 - EME Catedral Hotel
3 - Amadeus
4 - Casa del Buen Viaje

Les prix indiqués dans ce guide correspondent à une nuit en chambre double en basse saison et en haute saison, hors période de Semaine sainte et de Feria (prix à multiplier par deux ou trois !).

La cathédrale
Visite 1 – p. 10

Alminar

C. Álvarez Quintero, 52 (I7)
☎ 954 29 39 13
www.hotelalminar.com
De 95 à 155 €
(petit déjeuner 6 €).

Hôtel classique et très central proposant 12 chambres cosy et bien équipées au style dépouillé.

Appartments Sevilla Puerta Catedral

C. Alemanes, 15 (I7)
☎ 954 21 69 12
Ⓕ 954 21 86 51
www.puertacatedral.com
Studios de 80 à 190 €, duplex 6 pers. de 285 à 325 €.

Du simple studio au loft spacieux, ces appartements offrent l'indépendance et tout le confort moderne face à la cathédrale, au prix d'une chambre d'hôtel.

EME Catedral Hotel

C. Alemanes, 27 (I7)
☎ 954 56 00 00
www.emecatedralhotel.com
De 153 à 298 €
(petit déjeuner 20 €).

Urbain, design, cosmopolite, c'est l'hôtel *fashion* de Séville avec piscine, spa, bars et restaurants au pied de la cathédrale. Vue magique sur la Giralda.

Santa Cruz
Visite 2 – p. 12

Hotel Patio de las Cruces

. de las Cruces, 10 (I6)
☎ 954 22 60 41
F 954 22 96 33
www.hotelpatiodelascruces.com
De 45 à 55 €
(pas de petit déjeuner).

Cette maison du XVIIIe s. réunit 7 chambres colorées à la déco épurée autour de deux patios andalous.

Un Patio en Santa Cruz

. Doncellas, 15 (D2)
☎ 954 53 94 13
F 954 53 94 61
www.patiosantacruz.com
De 76 à 86 €
(pas de petit déjeuner).

Boutique-hôtel *eco-friendly* à prix doux ! Les 12 chambres aux tons blancs, lilas et framboise, sont parsemées de fleurs fraîches et de peintures d'artistes locaux.

Hotel Alcántara

C. Ximénez de Enciso, 28 (I6)
☎ 954 50 05 95
F 954 50 06 04
www.hotelalcantara.net
De 70 à 120 €
(petit déjeuner 6 €).

Mobilier vert et linge couleur blé donnent un parfum de campagne aux 21 chambres qui entourent le patio.

Amadeus

C. Farnesio, 6 (I6)
et c. San José, 10 (I6)
☎ 954 50 14 43
F 954 50 00 19
www.hotelamadeussevilla.com
De 85 à 120 €
(petit déjeuner 9,50 €).

Unique en son genre, cet hôtel de charme est un petit paradis pour mélomanes : pianos, violons et harpes le décorent et sont à la disposition des clients. Les chambres de la Casa Musicale sont les plus jolies.

Casas de Santa Cruz

C. Pimienta, 4 (I6)
Réception plaza Doña Elvira, 5
☎ 954 30 81 74
www.casasdesantacruz.com
De 75 à 129 €
(petit déjeuner 8 €).

Charme andalou et design épuré se marient dans cet hôtel de poche niché dans une ruelle très pittoresque. Les chambres sont assez petites…

Elvira Plaza

Plaza de Doña Elvira, 5 (I6)
☎ 954 30 81 74
www.hotelelviraplaza.com
De 75 à 129 €
(petit déjeuner 8 €).

Donnant sur la plus belle place de Santa Cruz, plantée d'orangers, les 9 chambres de ce petit hôtel charment par leurs tons blancs et naturels et leur style minimaliste.

El Rey Moro

C. Lope de Rueda, 14 (I6)
et c. Reinoso, 8 (I6)
☎ 954 56 34 68
F 954 56 09 43
www.elreymoro.com
De 80 à 170 € (petit déjeuner 9 €, gratuit pour les résa effectuées sur le site de l'hôtel).

Autour d'un patio abondamment fleuri, cette maison palatiale du XVIe s. abrite 20 chambres personnalisées où se mêlent styles andalou, classique et exotique.

El Centro
Visite 3 – p. 14

Las Casas de los Mercaderes

C. Álvarez Quintero, 9-13 (H7)
☎ 955 13 62 11
F 955 13 60 08
www.husa.es
De 80 à 190 €
(petit déjeuner 10 €).

Au cœur du Séville commerçant, des chambres tout confort à la déco classique et disposées autour d'un remarquable patio du XVIIIe s. Parking privatif.

La Alfalfa et Encarnación-Regina
Visite 4 – p. 16

Corral del Rey

C. Corral del Rey, 12 (H6)
☎ 954 22 71 16
www.corraldelrey.com
Supérieure 280 €.

Ce luxueux palais du XVIIe s. a conservé son patio en boiseries et colonnes romaines. Un cocon romantique idéal pour un break en amoureux.

San Bartolomé et Santa Catalina
Visite 5 – p. 18

Casa del Buen Viaje

C. Cristo del Buen Viaje, 12 (C2)
☎ 954 21 33 90
www.casadelbuenviaje.com
70 € (petit déjeuner à préparer soi-même).

La maison d'hôtes de Margot et El Filipi charme avec ses

Location d'appartements

La location d'un appartement constitue une bonne alternative à l'hôtel et ne revient pas forcément plus cher. C'est même la solution idéale si vous partez en famille ou entre amis, ou si vous cherchez l'indépendance. Du studio traditionnel au loft design, il y en a pour tous les goûts et tous les budgets ! Consultez les sites www.waytostay.com, www.friendlyrentals.com ou www.singularapartments.com

5 chambres meublées à l'ancienne, donnant sur un ravissant patio. Une demeure de caractère pour les âmes bohèmes !

La Casa del Maestro

C. Niño Ricardo, 5 (C2)
☎ 954 50 00 07
F 954 50 00 06
www.lacasadelmaestro.com
De 98 à 140 € (petit déjeuner compris).

Pour dormir dans la demeure du célèbre guitariste de flamenco Niño Ricardo. Inspirées par les compositions du maestro, les chambres pimpantes se déclinent autour d'une couleur. Un lieu charmant !

Las Casas del Rey de Baeza

C. Santiago, plaza Jésus de la Redencíon, 2 (C2)
☎ 954 56 14 96
F 954 56 14 41
www.hospes.com
De 110 à 300 €
(petit déjeuner 21 €).

Adorables patios, chambres douillettes et soignées, piscine, solarium et spa de luxe, cette ancienne maison de voisinage aux nuances de blanc et de bleu est une bulle de sérénité !

Casa Imperial

C. Imperial, 29 (C2)
☎ 954 50 03 00
www.casaimperial.com
De 80 à 170 € (petit déjeuner 8 €).

Tout en recoins et patios, cette maison du XVIe s. est un havre de paix bercé par le murmure des fontaines…

El Arenal

Visite 6 – p. 20

Simón

C. García de Vinuesa, 19 (H8)
☎ 954 22 66 60 ou
☎ 954 26 66 69
F 954 26 66 69
www.hotelsimonsevilla.com
De 60 à 120 €
(petit déjeuner 8,80 €).

Chaque recoin de ce palais du XVIIIe s. recèle un souvenir de son passé. Chambres au confort basique décorées de meubles anciens, à deux pas de la cathédrale.

Hotel Maestranza

C. Gamazo, 12 (I8)
☎ 954 56 10 70
F 954 21 44 04
www.hotelmaestranza.es
De 57 à 87 €
(pas de petit déjeuner).

Dans une rue animée, 18 chambres insonorisées à la déco classique dans une maison sévillane du XXe s.

Petit Palace Marquès Santa Ana

C. Jimios, 9-11 (I7)
☎ 954 22 18 12
F 954 22 89 93
www.petitpalacemarques santaana.com
De 80 à 150 €
(petit déjeuner 16,50 €).

Design contemporain et chambres high-tech (ordinateur portable, vélo d'appartement, douche hydromassante…), ce palais du XIXe s. à la beauté épurée comblera les allergiques au *típico*.

Taberna del Alabardero

C. Zaragoza, 20 (H8)
☎ 954 50 27 21
F 954 56 36 66
www.tabernadelalabardero.es
De 80 à 200 € (petit déjeuner compris).

Siège d'une école d'hôtellerie et d'un restaurant gastronomique (p. 70), ce palais du XIXe s. recèle 7 chambres à l'élégance classique richement décorées de mobilier d'époque.

Le quartier de l'université

Visite 7 – p. 22

Alfonso XIII

C. San Fernando, 2 (D3/E3) – ☎ 954 91 70 00
www.hotel-alfonsoxiii-seville.com
De 255 à 500 €
(petit déjeuner 21 €).

Datant de l'Exposition de 1929, ce palais néomudéjar a vu défiler tous les grands de ce monde dans ses chambres aux styles maure, castillan ou andalou revisités.

La Macarena

Visite 9 – p. 26

Alcoba del Rey de Sevilla

C. Bécquer, 9 (B3)
☎ 954 91 58 00
F 954 91 56 75
www.alcobadelrey.com
De 100 à 161 €
(petit déjeuner compris).

Immersion dans la Séville arabo-andalouse au cœur de La Macarena ! Lits à baldaquin, meubles en bois de cèdre, lanternes en cuivre et soieries orientales diffusent dans chaque chambre le parfum capiteux des *Mille et Une Nuits*…

Alameda et San Lorenzo

Visite 10 – p. 28

Hotel Sevilla

C. Daoiz, 5 (G7)
☎ 954 38 41 61
F 954 90 21 60
www.hotelsevillaweb.es
De 45 à 79 €
(petit déjeuner 5,60 €).

Cette ancienne maison seigneuriale abrite de jolies chambres modernes tout en rouge et gris donnant sur le patio décoré d'azulejos ou sur la place plantée d'orangers.

1 - *Alfonso XIII*
2 - *Gran Meliá Colón*
3 - *Corral del Rey (p. 137)*
4 - *Hotel Sevilla*

Hotel Doña Lola

C. Amor de Dios, 19 (C3)
☎ 954 91 52 53
www.donalolasevilla.com
85 € (pas de petit déjeuner).

Petit hôtel de 11 chambres lumineuses à la déco moderne avec clim, TV et Wifi gratuit dans une demeure du XIXe s. Terrasse sur les toits.

Casa Sacristía de Santa Ana

Alameda de Herculès, 22 (B3)
☎ 954 91 57 22
F 954 90 53 16
www.hotelsacristia.com
De 60 à 145 €
(petit déjeuner 10 €).

Sur la célèbre *rambla* sévillane (situation idéale pour les fêtards), petit hôtel rococo, logé dans une ancienne sacristie et décoré de miroirs vénitiens, de têtes de lit en bois peint et de meubles coquets que l'on peut acheter.

Barrio del Museo

Visite 11 – p. 30

Un Patio al Sur

C. Fernán Caballero, 7 (G8)
☎ 954 22 10 35
F 954 22 58 13
www.patioalsur.es
De 58 à 185 €
(pas de petit déjeuner).

Ancien couvent transformé en hôtel éclaboussé de blanc et parsemé de plantes et d'œuvres d'art. Optez pour les chambres à l'étage, plus spacieuses et lumineuses.

Hostal Museo

C. Abad Gordillo, 17 (G8)
☎ 954 91 55 26
F 954 91 50 22
www.hostalmuseo.com
De 40 à 60 €
(pas de petit déjeuner).

Les 11 chambres de ce petit *hostal* sont simples et impeccables, et possèdent clim, TV et coffre-fort. Sans surprise mais bon rapport qualité-prix.

Gran Meliá Colón

C. Canalejas, 1 (H8)
☎ 954 50 55 99
www.gran-melia-colon.com
De 165 à 525 €
(petit déjeuner 26 €).

Cet hôtel de 1929 combine style Belle Époque et design contemporain signé Starck, Marcel Wanders et Edra. C'est le point de départ des toreros pour la Maestranza.

AU QUOTIDIEN

Oui : *sí*
Non : *no*
S'il vous plaît : *por favor*
Merci beaucoup : *muchas gracias*
Au revoir : *adios*
Bonjour, le matin : *buenos días*
Bonjour, l'après-midi : *buenas tardes*
Bonsoir : *buenas noches*
Excusez-moi : *perdóname*
Argent : *dinero*
Combien coûte… ? : *¿ cuánto vale… ?*
Je ne comprends pas : *no entiendo*
Je veux : *quiero*
Je voudrais : *quería*
Parlez-vous français ? : *¿ habla frances ?*
Madame : *señora*
Monsieur : *señor*

ESPACE ET TEMPS

À demain : *hasta mañana*
Après : *después*
Aujourd'hui : *hoy*
Avant : *antes*
Demain : *mañana*
Encore : *otra vez*
Heure : *hora*
Hier : *ayer*
Il est midi : *es mediodía*
Là-haut : *arriba*
Maintenant : *ahora*
Minute : *minuto*
Montre : *reloj*
Où ? : *¿ dónde ?*
Pendant : *durante*
Quand : *cuando*
Quelle heure est-il ? : *¿ qué hora es ?*
Tard : *tarde*
Tôt : *temprano*

SHOPPING

Antiquités : *antiguedades*
Argent (matière) : *plata*
Bague : *sortija, anillo*
Bijou : *joya*
Bijouterie : *joyería*
Botte : *bota*
Boucles d'oreilles : *pendiente*
Boutique : *tienda*
Bracelet : *pulsera, brazalete*
Bureau de tabac : *estanco*
Caleçon : *calzoncillos*
Carreaux (à) : *cuadros*
Ceinture : *cinturón*
C'est trop cher : *es demasiado caro*
Chapeau : *sombrero*
Chaussettes : *calcetines*
Chaussures : *zapatos*
Chemise : *camisa*
Collier : *collar*
Combien ça vaut ? : *¿ cuánto cuesta ?*
Costume : *vestido*
Coton : *algodón*
Cravate : *corbata*
Cuir : *piel*
Disque : *disco*
D'une autre couleur : *de otro color*
Grand : *grande*
Grand magasin : *gran almacén*
Jouet : *juguete*
Journal : *diaro, periódico*
Jupe : *falda*
Laine : *lana*
Librairie : *librería*
Lingerie : *lencería*
Livre : *libro*
Manteau : *abrigo*
Marché : *mercado*
Meubles : *muebles*
Moins grand : *menor*
Montre : *reloj*
Or : *oro*
Pantalon : *pantalón*
Pharmacie : *farmacia*
Plus grand : *más alto*
Pointure : *medida*
Prix : *precio*
Robe : *vestido*
Sac à main : *bolso*
Supermarché : *supermercado*
Soldes : *rebajas*
Taille : *talla*
Veste : *chaqueta* (femme), *americana* (homme)

LES NOMBRES

Un, une : *un, uno, una*
Deux : *dos*
Trois : *tres*
Quatre : *cuatro*
Cinq : *cinco*
Six : *seis*
Sept : *siete*
Huit : *ocho*
Neuf : *nueve*
Dix : *diez*
Onze : *once*
Douze : *doce*
Treize : *trece*
Quatorze : *quatorce*
Quinze : *quince*
Seize : *dieciséis*
Dix-sept : *diecisiete*
Dix-huit : *dieciocho*
Dix-neuf : *diecinueve*
Vingt : *veinte*
Trente : *treinta*
Quarante : *cuarenta*
Cinquante : *cincuenta*
Soixante : *sesenta*
Soixante-dix : *setenta*
Quatre-vingts : *ochenta*
Quatre-vingt-dix : *noventa*
Cent : *cien, ciento*
Mille : *mil*

PRATIQUE

Banque : *banco*
Bureau de change : *casa de cambio*
Cabine téléphonique : *cabina*
Carte d'identité : *carta de identidad*
Douanier : *adavanero*
Enveloppe : *sobre*
Lettre : *carta*
Objets personnels : *objetos personales*
Passeport : *pasaporte*
Poste : *correo*
Rien à déclarer : *nada a declarar*
Timbre : *sello*

À L'HÔTEL

Chambre : *habitación*
Je voudrais une chambre : *quería una habitación*
Lit : *cama*
Chambre à deux lits : *habitación con dos camas separadas*
Chambre à lit simple : *habitación simple*
Chambre à lit double : *habitación doble*

AU RESTAURANT

L'addition s'il vous plaît : *la cuenta por favor*
Je voudrais réserver une table : *quisiera reservar una mesa*
Assiette : *plato*
Beurre : *mantequilla*
Bière : *cerveza*
Bœuf : *vaca*
Bouteille : *botella*
La carte : *la carta*
Couteau : *cuchillo*
Cuillère : *cuchara*
Déjeuner : *almuerzo*
Dessert : *postre*
Dîner : *cena*
Eau : *agua*
Entrée : *primer plato*
Fourchette : *tenedor*
Fromage : *queso*
Garçon : *camarero*
Huile : *aceite*
Moutarde : *mostaza*
Pain : *pan*
Petit déjeuner : *desayuno*
Plat du jour : *plato del día*
Réservation : *reserva*
Salade : *ensalada*
Service compris : *servicio incluido*
Viande : *carne*
Vin : *vino*

EN VILLE

À droite : *a la derecha*
À gauche : *a la izquierda*
Devant : *adelante*
Derrière : *detrás*
Église : *iglesia*
Feu rouge : *semáforo*
Office du tourisme : *oficina de turismo*
Rue : *calle*

Dernières éditions revues et enrichies par **Natasha Penot.**
Édition originale établie par **Mercedes Escudero** et **Sophie Paumard.**
Ont également collaboré à cette édition : **Charlotte Monnier, Frederico Simonti, Magali Vidal-Revel, Mélanie Jean et Camille Dupont.**

Cartographie : **Frédéric Clémençon** et **Aurélie Huot.**
Conception graphique de la couverture : **Thibault Reumaux.**
Mise en pages : **Chrystel Arnould.**
Contact publicité : **vhabert@hachette-livre.fr** ou ☎ **01 43 92 32 52.**
Contact presse : **rmazef@hachette-livre.fr** ou ☎ **01 43 92 36 66.**

Écrivez-nous :

Aussi soigneusement qu'il ait été établi, ce guide n'est pas à l'abri des changements de dernière heure, des erreurs ou omissions. Ne manquez pas de nous faire part de vos remarques. Informez-nous aussi de vos découvertes personnelles, nous accordons la plus grande importance au courrier de nos lecteurs :

Guides Un grand week-end, Hachette Tourisme, 43, quai de Grenelle – 75905 Paris Cedex 15
E-mail : weekend@hachette-livre.fr

Crédit photographique

Intérieur :

Toutes les photographies de cet ouvrage ont été réalisées par **Jérôme Plon,** à l'exception de celles des pages suivantes :

© **Natasha Penot :** p. 3 (b. d.), p. 17 (b. d.), p. 19 (b. d.), p. 19 (c. d.), p. 16, p. 17 (ht c.), p. 25 (ht c.), p. 35 (c. c.), p. 36, p. 41 (c. g.), p. 69, p. 67 (c. g.), p. 64 (c. g.), p. 65 (ht c.), p. 80, p. 82 (ht g.), p. 83 (ht c.), p. 84 (ht g.), p. 86 (ht g. et d.), p. 87 (c. c.), p. 87 (ht c.), p. 88, p. 89, p. 92, p. 96 (b. c.), p. 99 (ht c.), p. 102 (ht g.), p. 109 (b. d.), p. 110 (ht g.), p. 116 (b. d.), p. 119 (c. c.), p. 136 (ht g., c. g. et c. d.), 139 (c. d. et ht g.).

© **Juan Luis Cayuela :** p. 103 (ht c.).

Shutterstock.com : © **Francesco R. Iacomino,** p. 39 (ht g.), © **Massimiliano Pieraccini,** p. 40 (ht g.), © **Alexander Demyanenko,** p. 47 (ht d.).

Teatro de la Maestranza : © **Guillermo Mendo**, p. 122 (ht d., b. g.).

© **Teatro Duque la Imperdible,** p. 122 (b. d.).

Photothèque Hachette : p. 52 (b. d.), p. 53 (c. g., ht d.).

Couverture, quatrième de couverture et rabat avant :

Jérôme Plon sauf visuel principal : © **jorisvo/Shutterstock.com**

Édité par Hachette Livre (43, Quai de Grenelle, 75905 Paris Cedex 15)
Imprimé par Polygraf (Capajevova 44, 08199 Presov, Slovaquie)
Achevé d'imprimer : février 2015
ISBN : 978-2-01-249031-4 – 24-9031-6
Dépôt Légal : février 2015 – Collection N° 44 – Édition : 01

UN GRAND WEEKEND

- Amsterdam
- Athènes
- Barcelone
- Berlin
- Bruxelles
- Budapest
- Copenhague
- Dubaï
- Dublin
- Fès, Meknès
- Florence
- Genève
- Istanbul
- Lisbonne
- Londres
- Lyon
- Madrid
- Marrakech
- Marseille
- Milan
- Montréal
- Naples
- New York
- Paris
- Prague
- Rome
- Saint-Pétersbourg
- Séville
- Singapour
- Stockholm
- Venise
- Vienne

weekend@hachette-livre.fr
www.facebook.com/GuidesUnGrandWeekend